吉他、其他樂器適用

流行音樂的特殊和絃進行訓練筆記

創作／學習／和聲／編曲

必備工具書

不拘時

編著

目錄

關於作者 005

前言 006

直接練功篇 008

取材歌曲：

1. 今天沒回家 010
2. 記念 017
3. She 024
4. I Just Can’t Stop Loving You 030
5. Say Yes 036
6. Evergreen 044
7. Everything 050

分析整合篇 062

順階三和絃 064

轉位和絃 064

TABLE OF CONTENT

混合和絃 065

調式互換 066

持續音 070

2-5-1 進行 071

減七和絃 073

降 2 代 5 074

延伸及變化屬和絃 075

轉調 077

半音趨近變化 080

和聲配置 084

應用操作篇 086

歡樂年華 088

叮叮噹 097

後記 111

不拘時吉他書系列

吉他指板超解密手冊

記憶吉他音階位置的救星！「積木圖像記憶法」搞定所有難題！結合音程、琶音、和紘、調式等等，增強指板上的音樂概念與演奏技巧！

流行音樂的特殊和絃進行訓練筆記

本書以流行音樂的角度切入探討和聲學中的各種手法，並應用和聲學手法讓你的吉他編曲演奏創作更有特色好聽！

一個人的藍調指彈吉他攻略：基礎、進階與即興

旋律，和聲，節奏與指彈的各種主題式藍調訓練，藍調彈奏更加豐富多元！

關於 作者 AUTHOR

不拘時，本名蘇士鈞，台灣獨立音樂創作人，製作人，吉他演奏家。經歷錄音室樂手，編曲，而後發行吉他演奏專輯，以吉他為主要演奏樂器。作品有**「妳還在嗎？」**吉他演奏全創作單曲、**「島上無花」**吉他演奏全創作專輯、**「吉他指板超解密手冊」**、**「吉他入門一本就上手」**、**「流行音樂的特殊和絃進行訓練筆記」**、**「一個人的藍調指彈吉他攻略」**。

* 個人網站：http://tw.ScottSu.net/

* Facebook：http://www.facebook.com/scottmusic

* 吉他演奏全創作專輯：KKBox、MyMusic、各大手機平台請搜尋「不拘時」，iTunes、Spotify 搜尋 「Scott Su」

「妳還在嗎？」

最新木吉他演奏全創作單曲全曲聆賞

曲 / 編曲 / 演奏 / 錄音 / 混音 / 製作：不拘時　口琴：Otis Tsao

「島上無花」

電 / 木吉他全創作演奏專輯 iTunes 試聽下載

曲 / 編曲 / 演奏 / 錄音 / 混音 / 製作：不拘時　母帶後期：葛子毅

前言

一首歌曲的和絃使用與進行影響了整個歌曲所傳達出的氣氛，因此多去瞭解不同的和絃進行所營造出的感覺對於彈奏或是創作上會非常有幫助。

由於市面上的流行音樂多半是以某些固定的和絃模式在進行，因此比較不容易讓聽者可以聽到不同的特色，耳界會較小，對於一般創作者與彈奏者來說也就容易被侷限在一個框框裡。

因此筆者從中外的經典流行歌曲中，找出了一些比較有特色的和絃進行的歌曲來做為參考，所有和絃都是筆者自己聽寫抓出，除了以和絃譜的方式列出，也進行了和聲分析，希望愛好演奏，改編或是創作的朋友可以藉由這些和絃進行的瞭解，來增加自身在音樂上的深度與廣度，並期望未來的流行音樂能夠更加的多元化。提供的 QRCode 則讓讀者可以聆聽感受一下 Youtube 上的相關音樂。

關於和聲分析的部份可能會有較深的樂理，在分析整理篇有比較多的相關介紹，如果讀者對理論的部份覺得較難吸收，那麼就直接省略樂理分析也沒關係，只要透過不斷的演練這些和絃進行，讓身體去記住這些不同的氛圍，它們自然也會成為自身的音樂資料庫中的一部份，在進行演奏或創作時，自然會有能夠選用不同和絃的感覺出現。

當然也可以直接以這些和絃進行來練習即興或創作，許多音樂大師都曾透露想讓身體去記住這些感覺的方式，就是直接在演奏或創作時去使用它。最後一篇則是帶領大家使用這些和聲手法去對歌曲的和絃進行改寫，讓大家也可以思考一下如何讓彈奏的曲子可以有不同的味道。

每個和絃有列出在吉他彈奏時可以使用的指型方式，方便彈奏吉他的朋友做練習，也希望在練習時，大家都可以另外自行做移調訓練。吉他部分的移調請將主和絃的根音放到不同弦上的調做練習（比如C調常彈奏的指型是C和絃根音在第 5 弦上的指型，移調時就將同一首歌曲移成G調來練習）。

祝福大家都能夠在音樂上日益精進！

坐而言，不如起而行

直接練功篇

直接聆聽和彈奏這些具有特色和絃的歌曲，是一個非常好的學習方式。先加強耳朵和身體對於特色的段落或和絃的感受，知道這些和絃該怎麼按，是哪些和絃後，慢慢就會成為一種習慣，最後就會像彈奏常用和絃一樣的被自然使用出來。

記得反覆地去感受你所不熟悉的和絃段落，即使不彈奏時，也可以在腦中的和絃進行中出現那些和絃音符，這對於之後再學習手法與和聲分析的部分會更容易理解和記憶。

＊本書為了方便各曲目和絃進行可以移調練習，在和絃級數分析上與其他書籍稍有不同，分割和絃部分仍舊以斜線來表示上聲部與低音，而不是直接標註和絃級數；一般副屬和絃的標記（如：V / II）並未使用，以區別分割和絃；副屬和絃在曲目後方文字分析中另外說明。

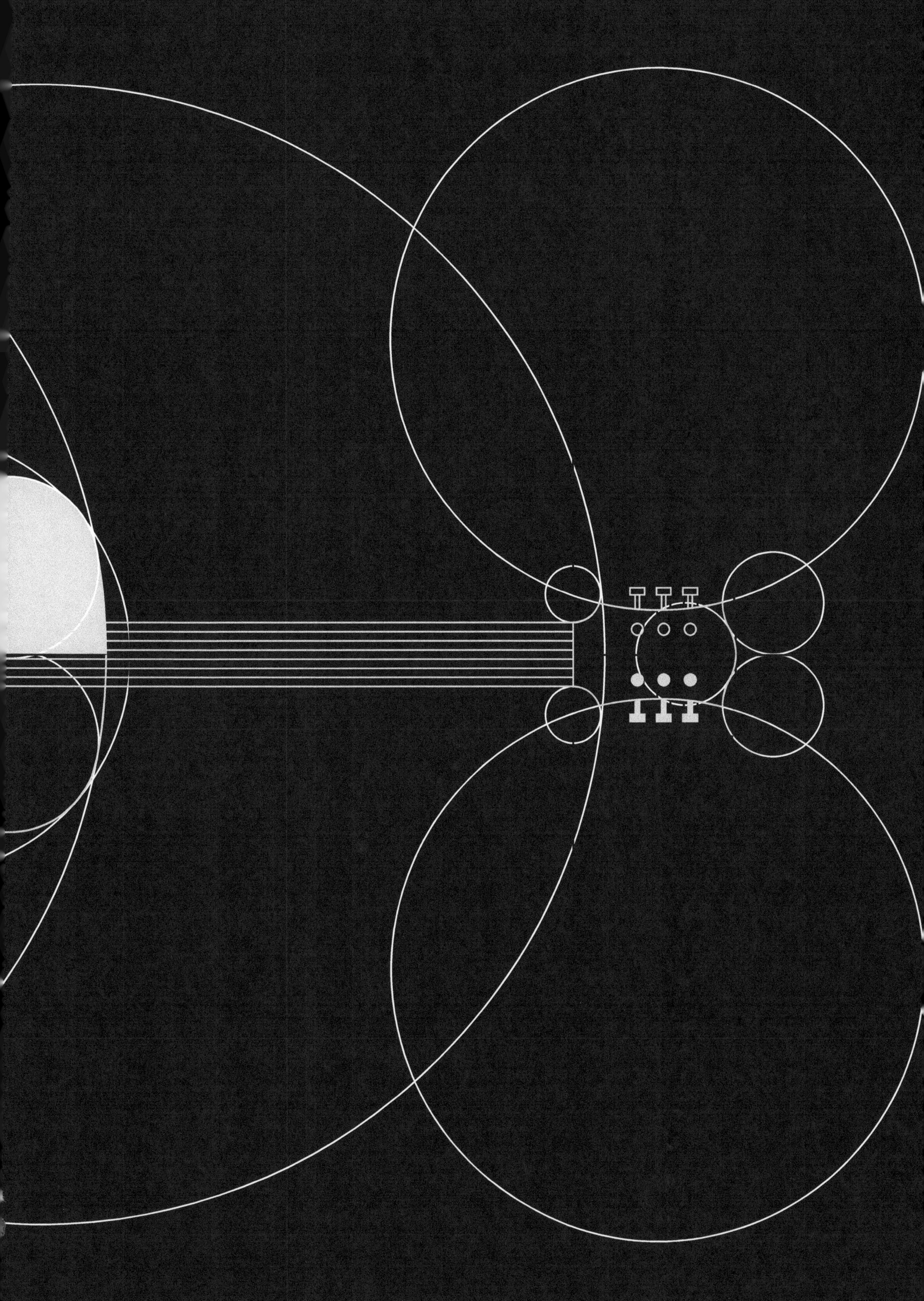

和絃參考歌曲
範例1.
今天沒回家
陶喆

曲式進行

Intro → Verse 0 → Verse 1 → Verse2 → Chorus → Verse 0

→ Verse 1 → Verse 2 → Chorus → Verse 3 → Verse 0

→ (Chorus X 4)

和絃進行

Intro

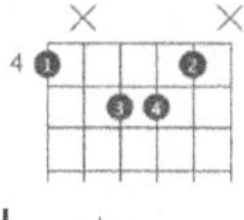

| A^{b}maj7 | | D^{b}maj7 | |

Verse 0

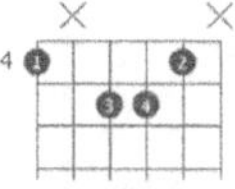

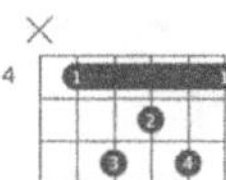

| A^{b}maj7 | | D^{b}maj7 | |

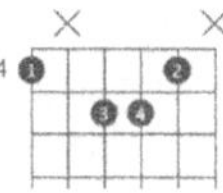

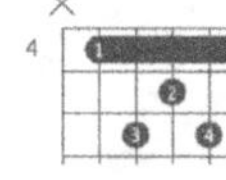

| A^{b}maj7 | | D^{b}maj7 | |

Verse 1

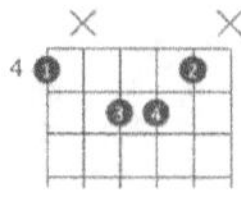

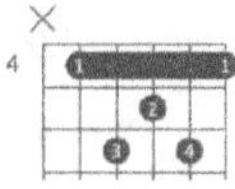

| A^{b}maj7 | | D^{b}maj7 | |

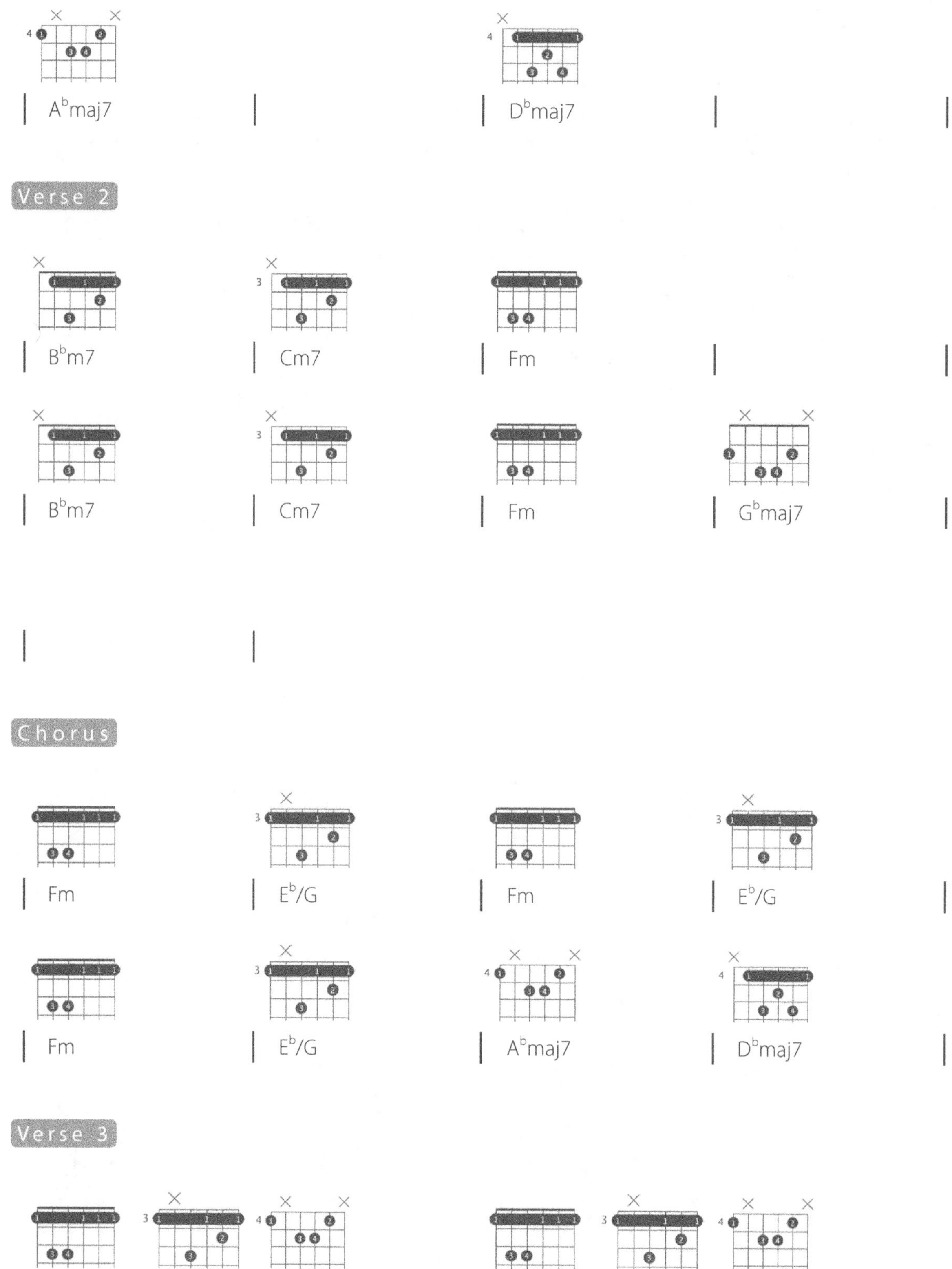
A♭maj7
D♭maj7
Verse 2
B♭m7
Cm7
Fm
B♭m7
Cm7
Fm
G♭maj7
Chorus
Fm
E♭/G
Fm
E♭/G
Fm
E♭/G
A♭maj7
D♭maj7
Verse 3
Fm
E♭/G
A♭maj7
Fm
E♭/G
A♭maj7

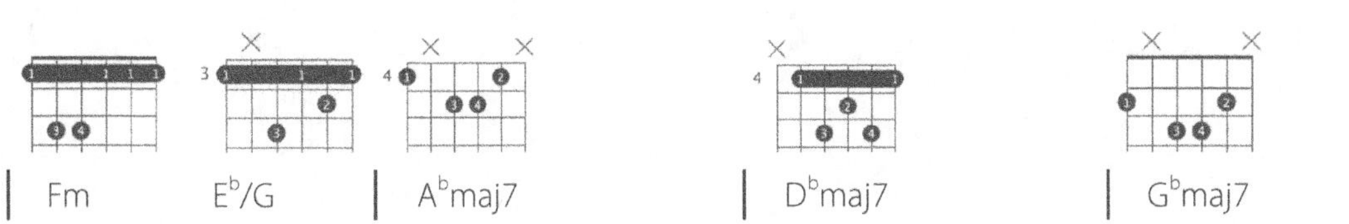

分析

如果你對樂理分析沒興趣或頭痛，也可以單純不斷的彈奏此曲的和絃進行，然 後特別注意一下標記的段落，讓你的耳朵和身體，去記住該段和絃進行所造成的特殊感覺，如此可以拓展自己在彈奏、創作或是即興上的氛圍靈感。

調 性

首先找出這首歌的調。大調順階和絃在第Ⅰ、Ⅳ、Ⅴ級是大和絃，因此屬於大和絃的 A^{b}maj7 和 D^{b}maj7 的出現，它們的根音 A^{b} 上行到 D^{b} 是完全 4 度的距離，可以判斷出 A^{b}maj7 應該是屬於Ⅰ級的七和絃，再分析接下來的和絃後，更可確定此曲調性即為 A^{b} 大調。

和絃級數

換成和絃級數表示：

Intro

| I maj7 | | IV maj7 | |

Verse 0

| I maj7 | | IV maj7 | |

| I maj7 | | IV maj7 | |

Verse 1

| I maj7 | | IV maj7 | |

| I maj7 | | IV maj7 | |

Verse 2

| II m7 | III m7 | VI m | |

| II m7 | III m7 | VI m | (註 1) ♭VII maj7 |

| |

Chorus

| VI m | (註 2) V / 7 | VI m | V / 7 |

| VI m | V / 7 | I maj7 | IV maj7 |

Verse 3

VI m V / 7	I maj7	VI m V / 7	I maj7
VI m V / 7	I maj7	IV maj7	^{b} VII maj7

註 解

① **這首曲子的和絃進行使用了 1 個非調內和絃：**

^{b} VII maj7 (G^{b}maj7)

它分別是出現在 VI m 和 IV maj7 的後面。多去感覺它在整段音樂進行後所造成的特殊聲響和氛圍，然後嘗試在別的音樂中使用它看看。

這個和絃的出現基本上是採用了「調式互換」的方式，向 A^b Mixolydian 借用了它的VII級和絃來使用。

② **當 Bass 音行進到音階第 7 音時，不是直接使用第 VII 級和絃，而是使用了 V 級的第 1 轉位。**

依經驗，當和絃進行的低音部（Bass）是採用 6 7 1 的順階上行或 1 7 6 的順階下行時，以音階第 7 音當低音的地方，和絃上常採用 V 級和絃的第一轉位。若是以 C 調來說，這 3 個和絃的進行就變成是常見的 C → G/B → Am。

如何分辨是否為轉位和絃？

轉位和絃其實應用的相當頻繁，然而在音樂中要分辨出來需要長時間的經驗和聽力的累積。流行音樂中最簡易的判斷方式就是，當你發現Bass聲部的進行音聽的出來，和絃聽起來又像是沒跑出調外，但他的其餘和絃音用原位和絃套上去感覺卻不太對時，通常那就很有可能是另外一級的和絃轉位。

和絃參考歌曲

> 範例2.

記念

蔡健雅

Chord

曲式進行

Intro → Verse → Verse → Chorus 1 → Intro → Verse → Chorus 1 → Inter → Chorus 2 → Intro

和絃進行

Intro

Verse

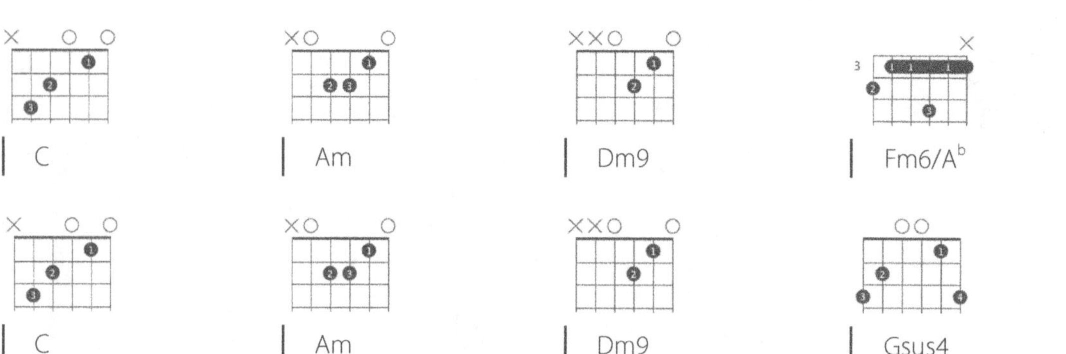

Chorus 1

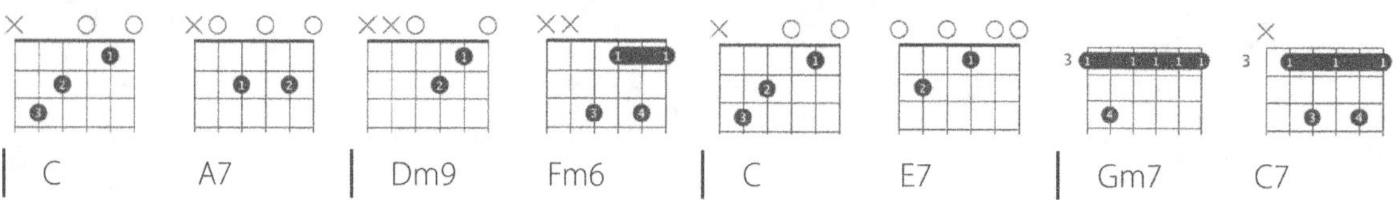

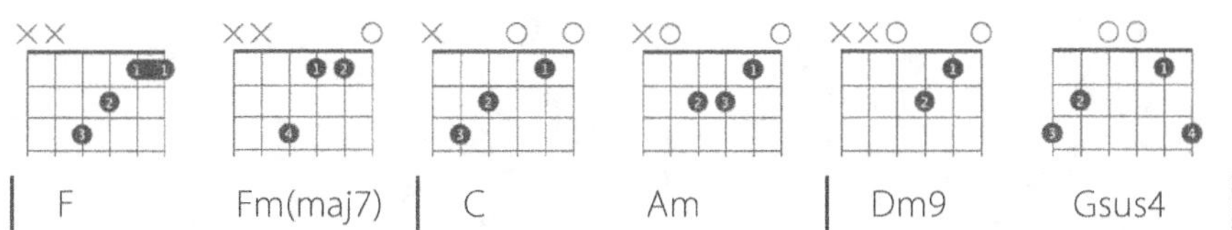

Inter

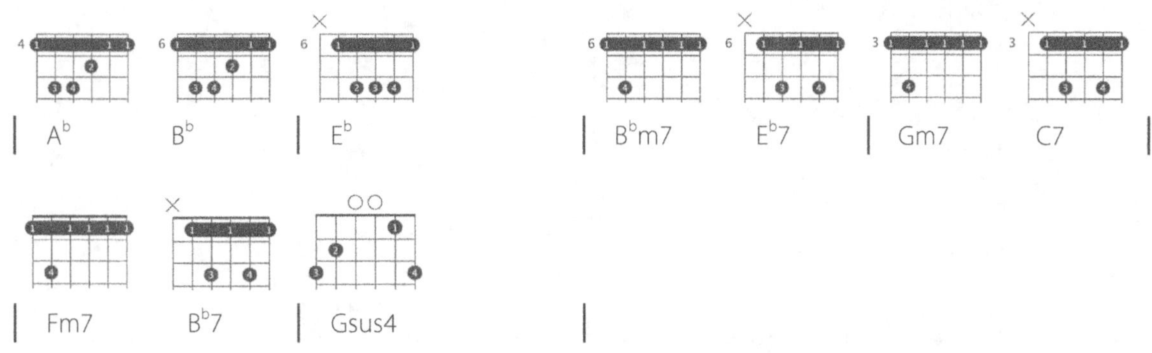

Chorus 2

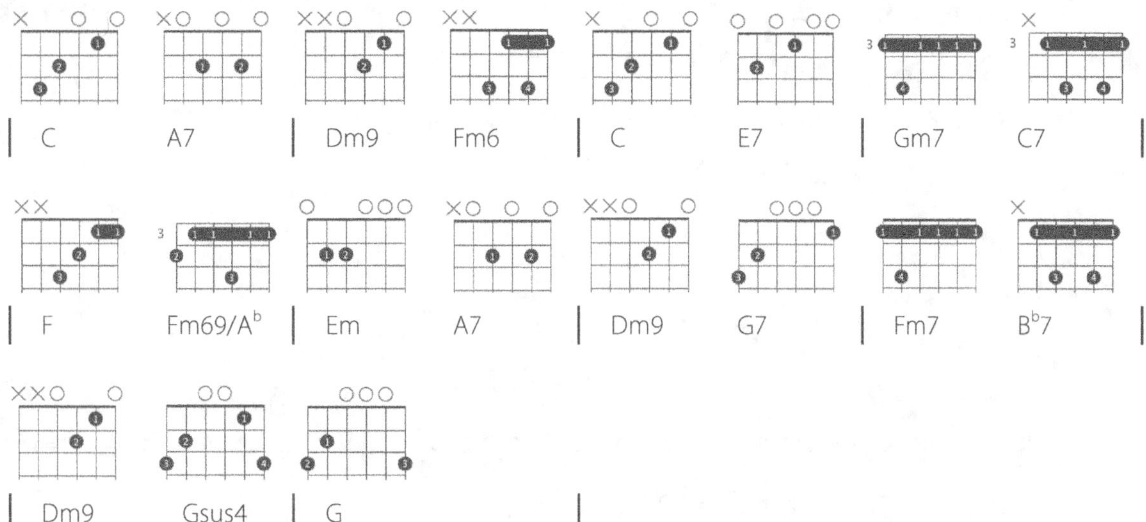

分析

調性

首先找出這首歌的調。這首歌主要唱歌的部份是屬於C調，但中間間奏 Inter 的部份有進行了轉調的動作。

我們先看 Inter 的前 2 小節。

| A^b B^b | E^b |

這 3 個大三和絃一樣表示是 I IV V 級的話，哪個是第 I 級？

是 E^b，所以這 2 小節的調性開始轉到了 E^b 調，由於 E^b 大調和 C 小調是關係大小調，C 大小調又可以彼此調式互換，因此 E^b 調的和絃基本上都可以用作和 C 大調轉調時的共同和絃。這邊直到第 6 小節又轉回到了 C 調。

同樣在 Chorus 2 第 8 小節的那 2 個和絃：

| Fm7 B^b7 |

也是 E^b 調的 II 和 V，後面又回到 C 調的 Dm9 和 Gsus4 ，也就是只轉了 1 個小節的調（不過因為相當短暫，也可只視為是調式互換搭配 2-5 的手法），搭配旋律重複唱出模進的方式，是不是很有加強和特別的味道呢？

和絃級數

這首歌曲的和絃進行從頭到尾都值得好好體會。

換成和絃級數表示：

Intro

| VI m7 I | V | VI m7 I | V |

Verse

| I | VI m | II m9 | IV m6 / ^{b}6（註 1） |

| I | VI m | II m9 | V sus4 |

Chorus 1

| I VI 7（註 2） | II m9 IV m6 | I III 7（註 3） | V m7（註 4） I 7 |

| IV IV m(maj7) | I VI m | II m9 V sus4 | |

Inter

E^{b}調

| IV V | I | V m7（註 5） I 7 | III m7 VI 7 |

| II m7 V 7 | V sus4（C 調） |

Chorus 2

| I VI 7 | II m9 IV m6 | I III 7 | V m7 I 7 |

| IV IV m69 / ^{b}6 | III m（註 6） VI 7 | II m9 V 7 | IV m7 ^{b}VII 7 |

| II m9 V sus4 | V |

註解

① 在 Verse 的第 4 小節出現了一個非調內和絃，Ⅳ m6 / ♭6，這裡是使用了「調式互換」把原本 C 大調的 Ⅳ 換成了 C 小調的 Ⅳ m 來使用。而這裡還使用了第一轉位和絃的形式，讓整個聲響更加特別，連 Bass 低音都變成了大調音階外的音。同樣的用法也出現在 Chorus 2 的第 5 小節。

另外沒有轉位的調式互換，你發現了嗎？通常 Ⅳ 級和絃很常進行調式互換。

② 在 Chorus 1 中，第 1 小節的第 2 個和絃用了 Ⅵ 7，像這樣大三小七的格式是屬七和絃（也就是某調的Ⅴ級七和絃）的格式，而這樣的格式經常和接下來的和絃，會是一個 Ⅴ→ Ⅰ 的關係，這個和絃也可以稱為副屬和絃。像這裡 Ⅵ 7 後面接的是 Ⅱ m9，如果把 Ⅱ m9 看作是 Ⅰ，前面的 Ⅵ 7 就是它的 Ⅴ 7 屬七和絃了。

③ Chorus 1 的第 3 小節的 Ⅲ 7 可視為未解決的副屬和絃，也就是 Ⅵ m 的屬和絃，如需解決則會走入 Ⅵ m。

④ Chorus 1 的第 4 小節的 Ⅴ m7 和 Ⅰ 7 和後來的 Ⅳ，如果把 Ⅳ 當作 Ⅰ 時，Ⅴ m7 和 Ⅰ 7 就會是 Ⅱ m7 和 Ⅴ 7 了，也就是 2-5-1 的區塊進行關係，這也是一種常見的用法。在爵士音樂中 2-5-1 也更常被靈活運用。

⑤ Inter 中的第 3 小節到第 5 小節，你有發現它們的相同之處嗎？

每一小節都是小三七和絃 + 屬七和絃的形式，再加上它們的小三七和絃根音和屬七的根音相差完全 4 度，所以如果以區塊關係來看，他們就像是前面說明 2-5-1 中的 2-5，只是少了 1 的存在，而連續擺在一起進行就是一種模進的 2-5 形式。

通常 2-5-1 或是 2-5 區塊的出現，我們有時也可以將它們當成是一種轉調，如此一來旋律上也可以多了不同的變化可能。比如這 3 個小節調性也可當作分別轉為了 A^{b} 調、F 調和 E^{b} 調，最後一小節又回到 C 調的 V 級和絃，G。

為何歌曲中可以做這樣的應用？

當然也是為了增加歌曲張力和不同的情緒氛圍，而這樣的用法也要看看所搭配的是怎麼樣的旋律線。在這麼短的小節數中做這樣的轉換，常常旋律上會運用不同調性音階中的共同音來組成旋律線，這樣會形成旋律線的調性沒變，卻串連起不同調性的和絃進行，聽覺上也會比較順暢。

⑥ Chorus 2 中的第 6 小節開始連續 4 小節也是 2-5 的區塊進行，不同的是在第 8 小節時，旋律上做了轉調的動作，但在下一小節後馬上又轉了回來。

範例3.

和絃參考歌曲

She

Charles Aznavour

曲式進行

Intro → Verse 1 → Verse 2 → Chorus → Verse 3

和絃進行

Intro

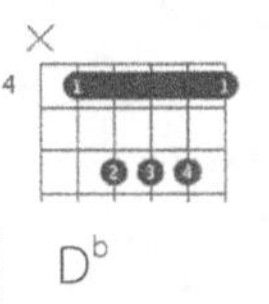
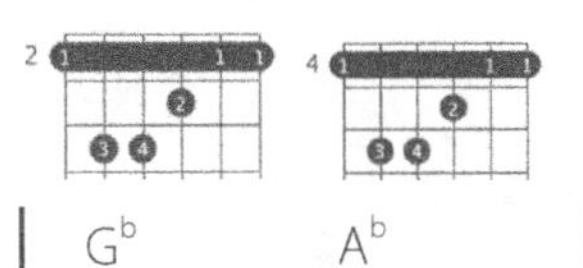

| D^b | G^b A^b |

Verse 1

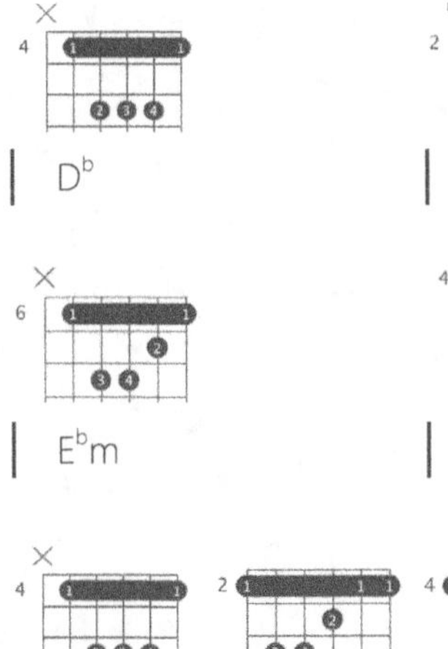
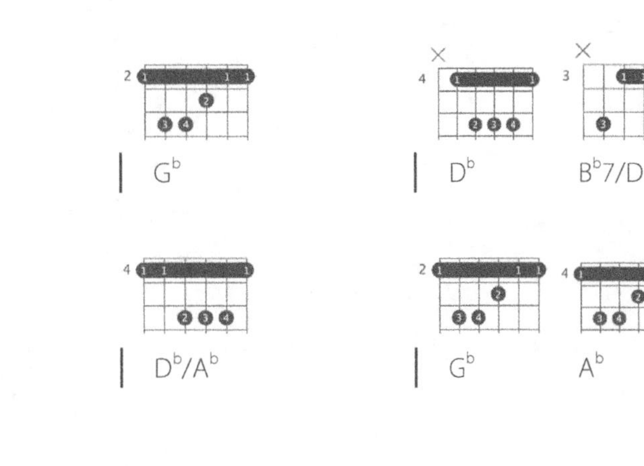

| D^b | F^{bo}7 | G^b | D^b B^{b}7/D |

| E^{b}m | G^{b}m/B^{bb} | D^b/A^b | G^b A^b |

| D^b G^b A^{b}7sus4 |

直接練功篇

Verse 2

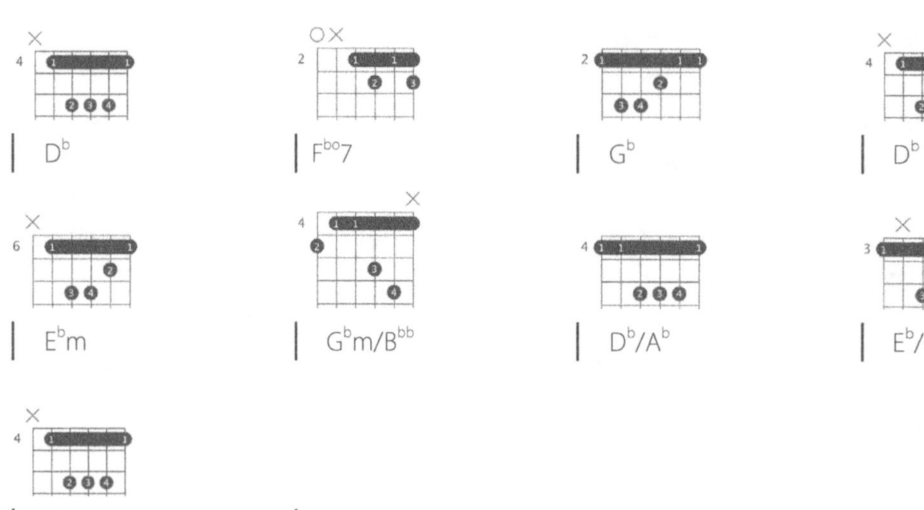

Chorus

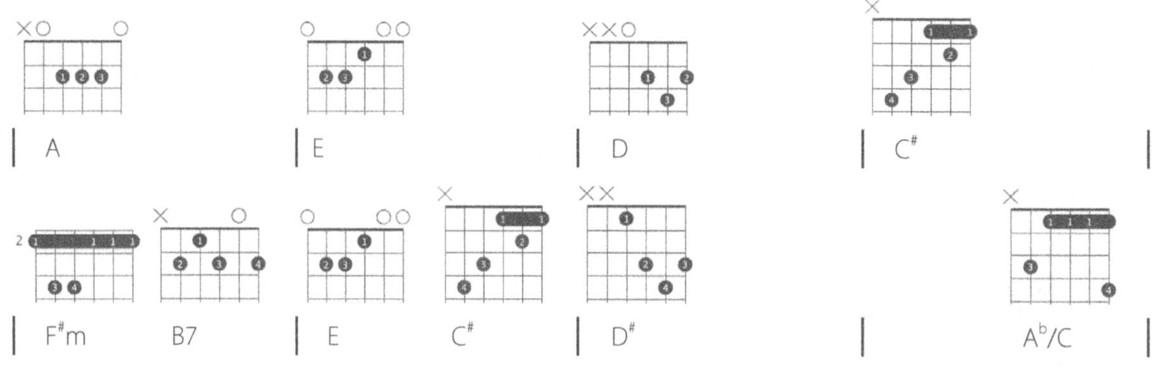

Verse 3

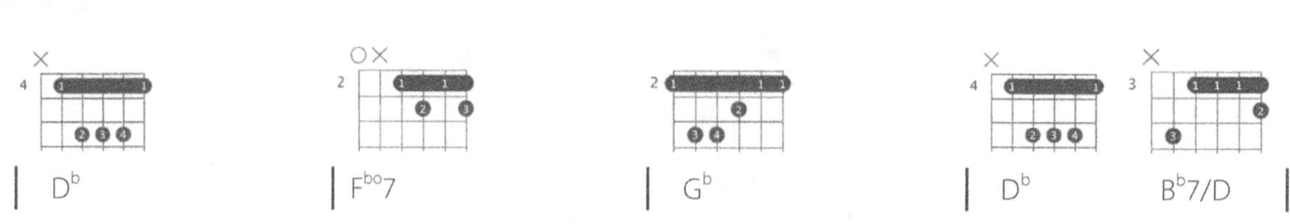

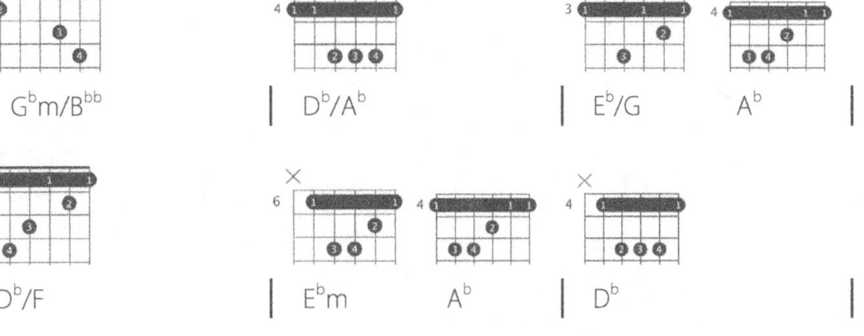

| $E^{b}m$ | $G^{b}m/B^{bb}$ | D^{b}/A^{b} | E^{b}/G A^{b} |

| G^{b} | D^{b}/F | $E^{b}m$ A^{b} | D^{b} |

分析

調性

這首歌屬於 D^{b} 調，在 Chorus 的前 4 小節則轉為 A 調，第 5.6 小節轉為 E 調，在 $C^{\#}$ 和絃時轉為 $G^{\#}$ 調，再由 A^{b}/C 轉回 D^{b} 調。

和絃級數

換成和絃級數表示：

Intro

| I | IV V |

Verse 1

| I | ^{b}III°7 (註 1) | IV IV / 6 | I VI 7 / $^{\#}$1 (註 2) |

(註 3)

| II m | IV m / ♭6 | I / 5 | IV V |

| I IV V 7sus4 |

Verse 2

| I | ♭III °7 | IV | I VI 7 / ♯1 |

(註 4)

| II m | IV m / ♭6 | I / 5 | II / ♯4 V |

| I |

Chorus (註 5)

A 調

| I | V | IV | III |

E 調 / G♯ 調 / D♯ 調

| II m V 7 | I IV | V | V / 7 |

Verse 3

| I | ♭III °7 | IV | I VI 7 / ♯1 |

| II m | IV m / ♭6 | I / 5 | II / ♯4 V |

| IV | I / 3 | II m V | I |

註 解

① 在 Verse 第 2 小節出現的 ^{b} III ^{o}7 是減七和絃。減七和絃的特性就是有十分的不穩定感和曖昧感，所以它幾乎可以解決到其他的任何和絃上而不會太突兀，十分適合用來做過門，或是轉調的銜接和絃。不過實際使用上，它也帶有悲淒的色彩，所以也要考慮整個情境是否適合來搭配使用。

② 在 Verse 第 4 小節的 VI / $^{\#}$1 是 VI 的第一轉位。VI 並非調內順階和絃之一，此處的使用是來自於它是接下來 II m 的 V 級和絃，建立起類似 V - I 的和聲進行。使用轉位讓低音部有特別的音階半音趨近走法 1 - #1 - 2 的進行。

③ Verse 第 6 小節的 IV m / ^{b}6 是大小調 IV 級和絃調式互換後的第一轉位。此轉位讓 三音（音階上的 ^{b}6）音放在低音部，讓低音部（Bass 音）出現非本調音階內的音，而有更明顯的特色。

④ Verse 2 的第 8 小節 II / $^{\#}$4，和前面 VI / $^{\#}$1 的用法相同，與接下來的和絃建立起類似 V - I 的和聲進行。使用轉位讓低音部有特別的半音趨近走法 $^{\#}$ IV - V 的進行，加上前面的和絃低音部就變成了音階 ^{b}6 - 5 - $^{\#}$4 - 5 的半音進行 。

⑤ Chorus 中轉調的部份。第 4 小節的 C$^{\#}$（A 調的 III）和絃正好和後面的 F$^{\#}$m（E 調的 II m）有 V - I 的和聲關係，也以此關係讓轉調更順暢，F$^{\#}$m 也是兩調的共同和絃。第 6 小節將 E 調的第 I 級和絃（E）當作是 G$^{\#}$ 調的小調調式互換的和絃 ^{b} VI 來作為共同和絃銜接轉調。G$^{\#}$ 調的 V（D$^{\#}$）和最後轉回原 D^{b} 調的 V（A^{b}），也是 V - I 的和聲關係，D$^{\#}$ 為共同和絃來轉回原調。

和絃參考歌曲
範例4.
I Just Can't Stop Loving You
Michael Jackson

曲式進行

Intro → Verse → Verse → Chorus 1 → Intro → Verse

→ Chorus 2 → Bridge → Chorus 1（升半音）

和絃進行

Intro

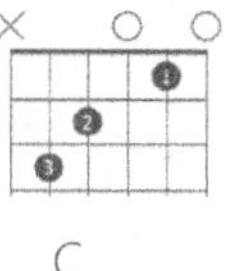
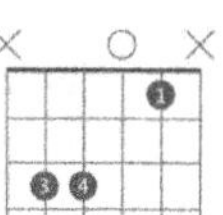

| C | | | Csus4 |

Verse

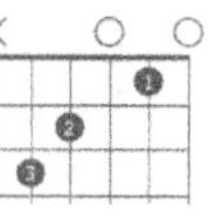
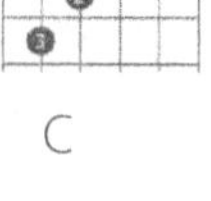
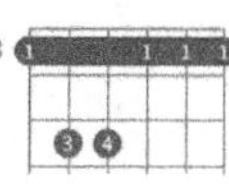

| C | | Gm | |

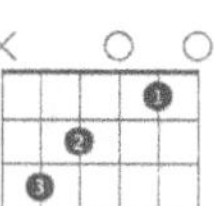
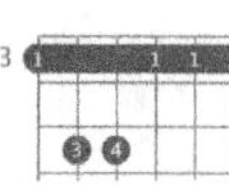

| C | | Gm | |

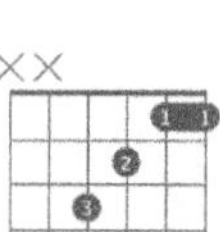
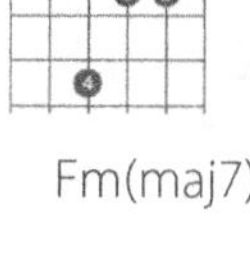

| F | | Fm(maj7) | Am |

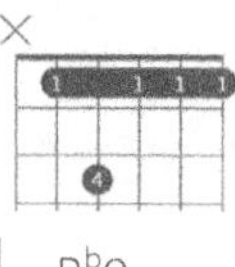
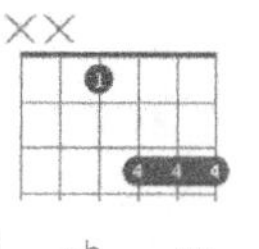

| B^b9 | | E^bmaj7 | G7sus4 |

Chorus 1

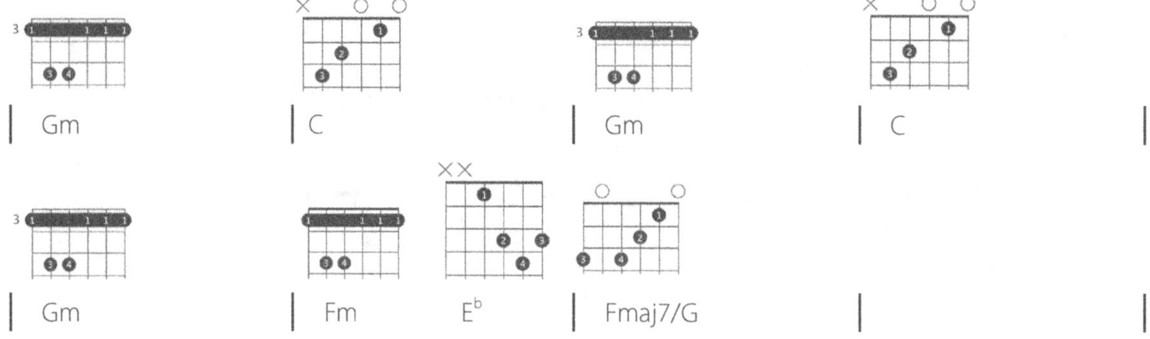

Chorus 2

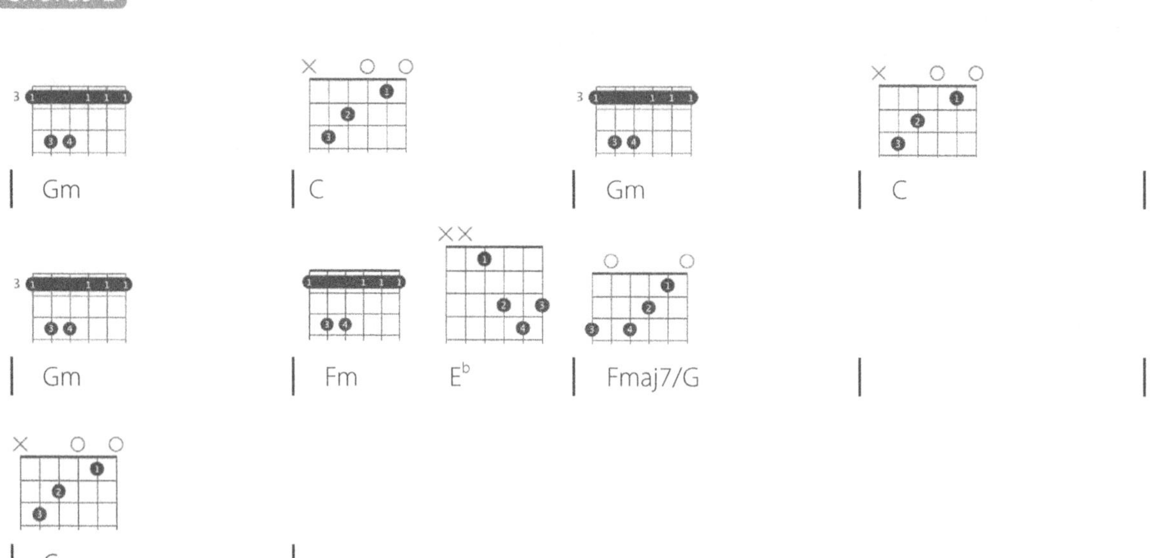

Bridge

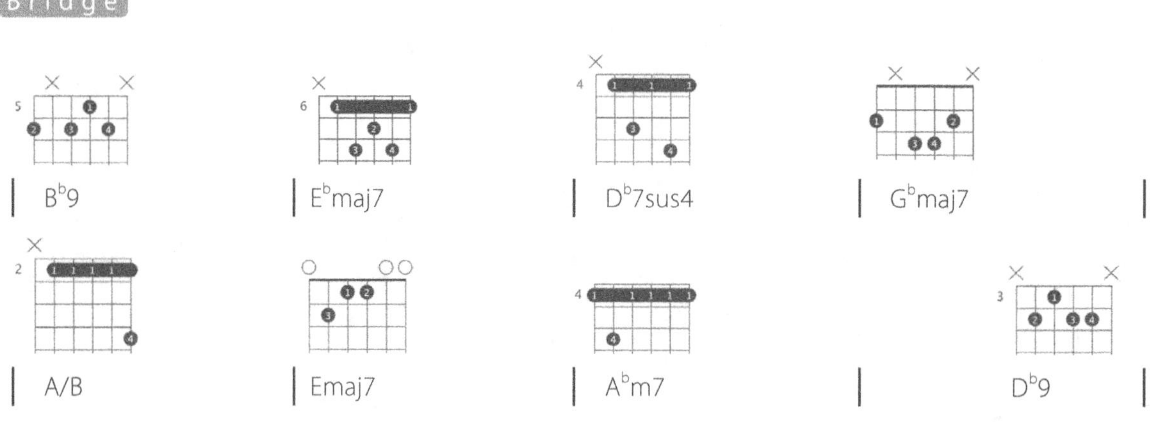

分析

調性

開始為 C 調，Verse 的第 13 小節轉為 E^b 調，第 16 小節再轉回 C 調。

Chorus 第 6 小節的地方轉 E^b 調，第 7 小節又回到 C 調。

Bridge 的部份，第 1、2 小節為 E^b 調，第 3、4 小節轉為 G^b 調，第 5、6 小節轉為 E 調，第 7 小節轉入 G^b 調後，最後 Chorus 的部份都比原本的升了半個調上去。

和絃級數

換成和絃級數表示：

Intro

| I | | | I sus4 |

Verse 1

| I | | (註 1) V m | |

| I | | V m | |

| IV | | (註 2) IV m(maj7) | VI m |

| E^b 調（註 3） V 9 | | I maj7 | C 調 V 7sus4 |

Chorus 1

| Ⅴm | Ⅰ | Ⅴm | Ⅰ |

(E♭調 at bar 2, C調 at bar 3)

| Ⅴm | Ⅱm Ⅰ | Ⅳmaj7 / 5 | |

Chorus 2

| Ⅴm | Ⅰ | Ⅴm | Ⅰ |

(E♭調 at bar 2, C調 at bar 3)

| Ⅴm | Ⅱm Ⅰ | Ⅳmaj7 / 5 | |

| Ⅰ |

Bridge

(E♭調 at bar 1, G♭調 at bar 3)

| Ⅴ9 | Ⅰmaj7 | Ⅴ7sus4 | Ⅰmaj7 |

(E調 at bar 1, G♭調 at bar 3)

| Ⅳ / 5 | Ⅰmaj7 | Ⅱm7 | Ⅴ9 |

註解

① 在 Verse 中的 Ⅴm，是使用了調式互換，將 C Mixolydian 中的第Ⅴ級和絃Ⅴm 來替代原本的Ⅴ。

② 在 Verse 的第 11 小節 Ⅳm(maj7) 是以調式互換採用了 C 小調的第 Ⅳ 級和絃 Ⅳm，並把 Ⅳm 的七音用 maj7 的方式來使用，因為該音是 C 大調的第 3 音，可藉此強調大調的感覺。

③ Verse 的第 13 小節轉入 E^b 調所用的和絃 B^b9，除了是 E^b 的 V 9 外，以原調來看同時也是調式互換中 C 小調第 VII 級的九和絃 ^{b}VII 9，以此共同的和絃來進行轉調 。

轉調的連接

這首歌進行了非常多次的轉調，也都轉的十分漂亮，轉調方式大都還是以前後調中會使用到的共同和絃（關鍵和絃）來作為轉調的連接。特別要注意的是共同和絃不一定是順階和絃中的和絃，這裡很多都是以調式互換後的和絃來作為共同和絃進行連接，如同上述中的分析。

其他轉調處如下：

* Verse 的第 15 小節，E^bmaj7 在 C 調來說是調式互換的 III 級大三和絃，可當共同和絃。
* Chorus 的第 6 小節，運用了 E^b 調和絃都可以作為與 C 調彼此互轉的共同和絃的特性，尤其從前一小節的 Gm 開始也是共同和絃了。
* Bridge 的第 3 小節，共同和絃 D^b7sus4 在 E^b 調來說是與 E^b 小調調式互換的 VII 級。
* Bridge 的第 5 小節，共同和絃 A/B 在 G^b 調來說是與 G^b 小調調式互換的 IV 級延伸和絃。
* Bridge 的第 7 小節，共同和絃 A^bm7（$G^\#$m7） 在 E 調來說是屬於第 III 級，在 D^b 調中則是調式互換出來的 V 級。

其他未說明的轉調處皆為上述中的重覆進行。

和絃參考歌曲

> 範例 5.

Say Yes

CHAGE & ASKA
恰克與飛鳥

曲式進行

Intro → Verse 1 → Verse 2 → Chorus → Chorus End 1

→ Inter 1 → Verse 1 → Verse 2 → Chorus → Chorus End 2

→ Inter 2 → Chorus → Chorus End 3

和絃進行

Intro

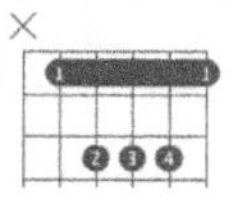
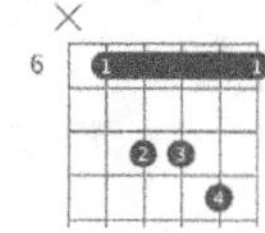

| E♭ | | E♭sus4 | |

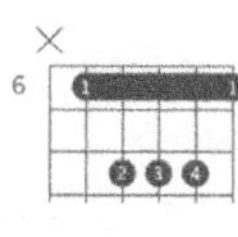
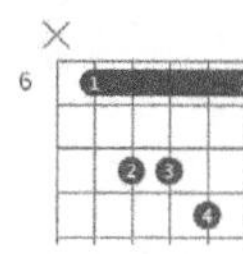

| E♭ | | E♭sus4 | |

Verse 1

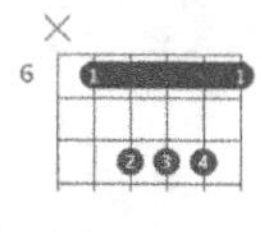
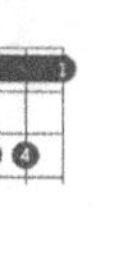
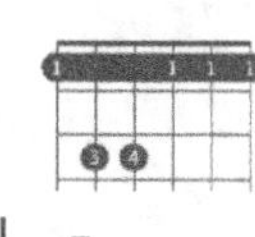
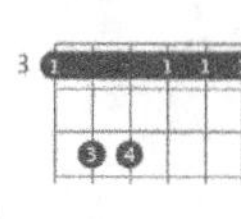
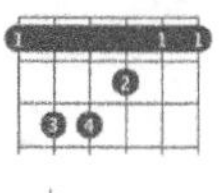

| E♭ | Fm | Gm | A♭ |

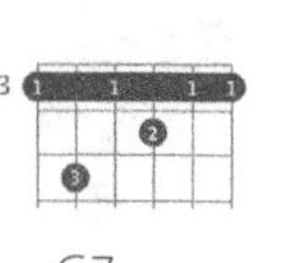
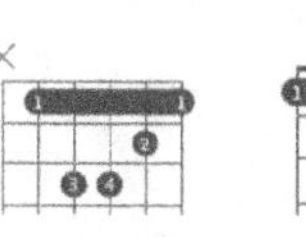
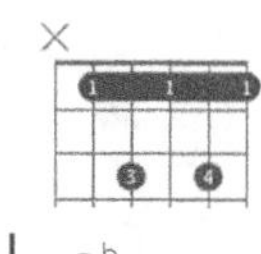

| G7 | Cm Fm | B♭7 |

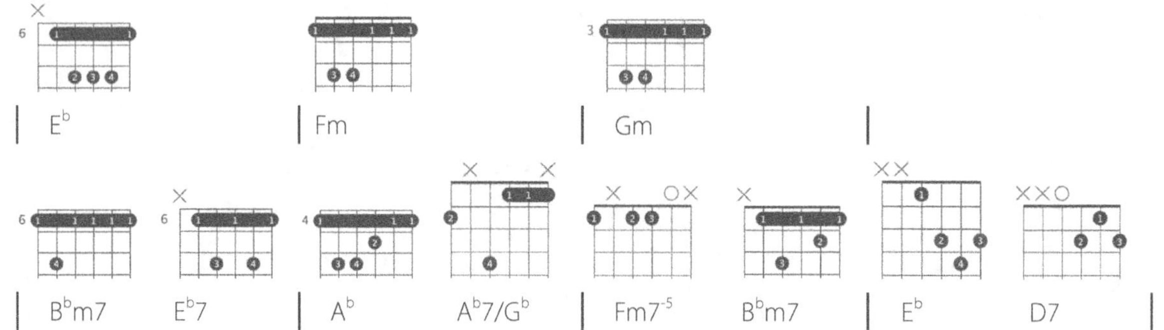

Verse 2

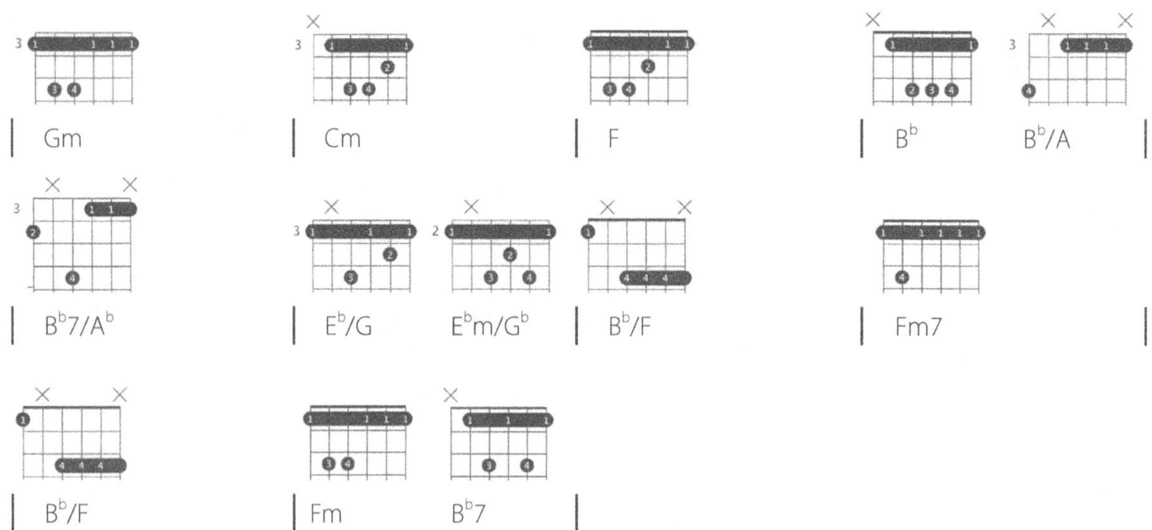

Chorus

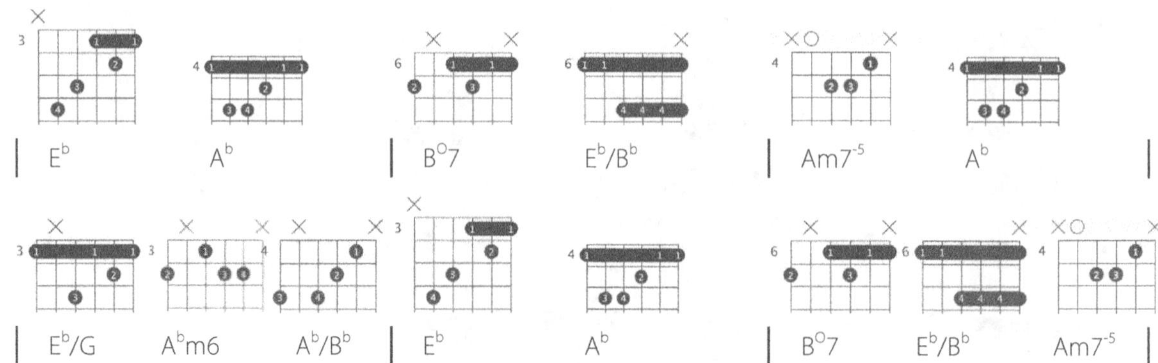

Chorus End 1

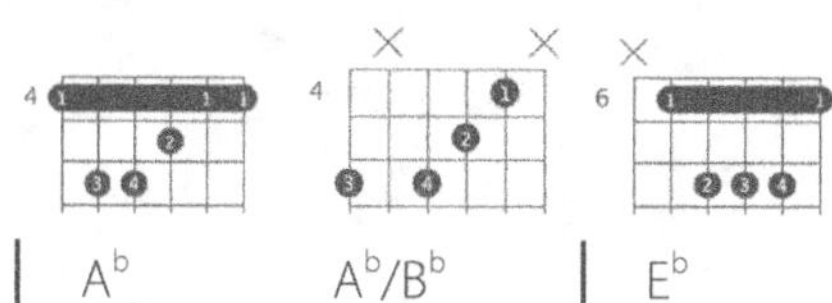

| A♭ A♭/B♭ | E♭ | |

Inter 1

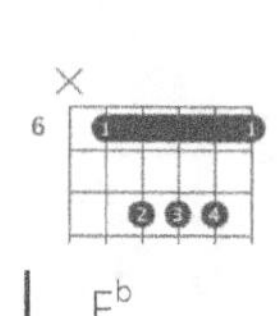
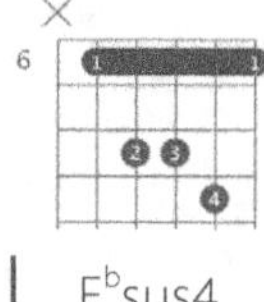
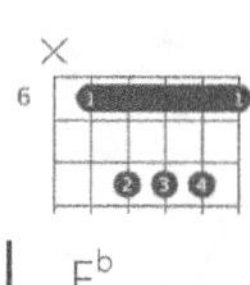
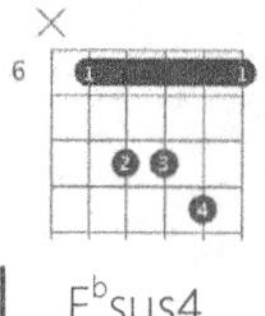

| E♭ | E♭sus4 | E♭ | E♭sus4 |

Chorus End 2

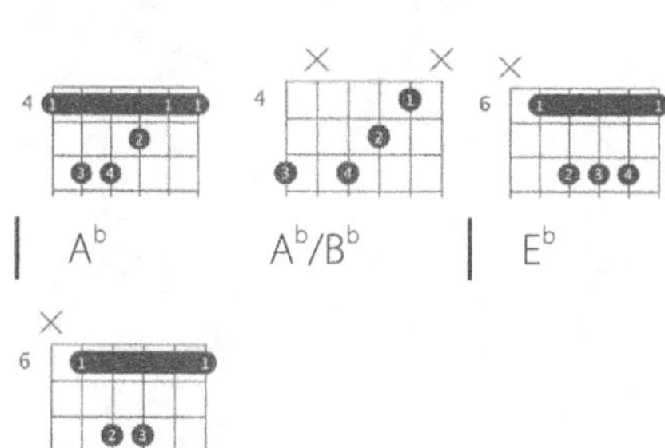
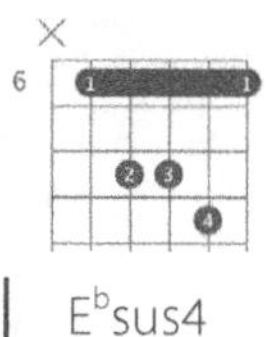
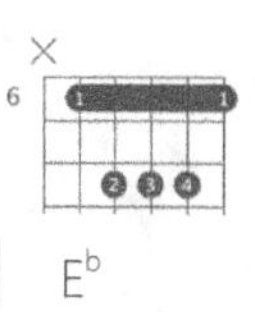

| A♭ A♭/B♭ | E♭ | E♭sus4 | E♭ |
| E♭sus4 |

Inter 2

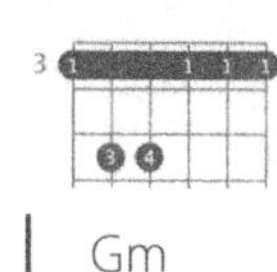
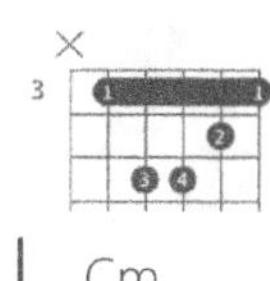
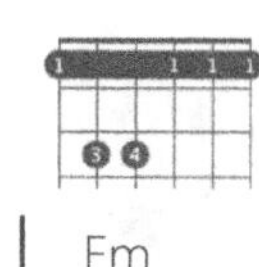
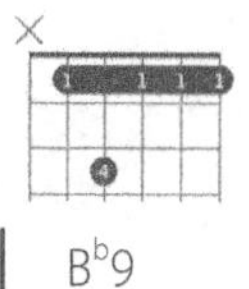

| Gm | Cm | Fm | B♭9 |

| |

Chorus End 3

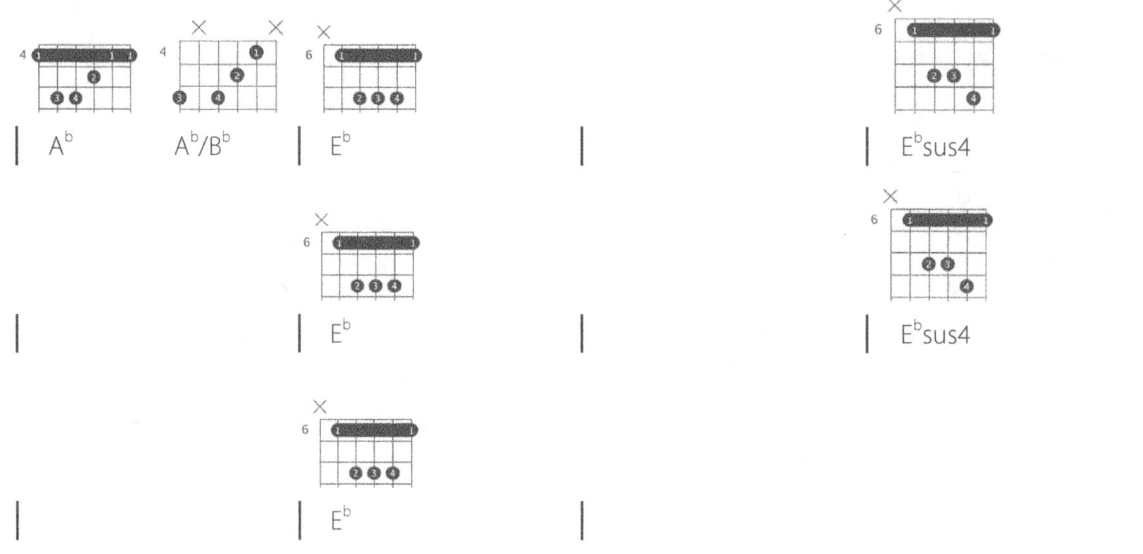

分析

調性

E♭ 調。只有在 Verse 1 第 11 小節那邊有轉了一下 A♭ 調，然後很快又轉回 E♭ 調 。

和絃級數

換成和絃級數表示：

Intro

| Ⅰ | | Ⅰ sus4 | |

| Ⅰ | | Ⅰ sus4 | |

Verse 1

I	II m	III m	IV
（註 1） III 7	VI m　II m	V 7	
I	II m	III m	
A^{b}調（註 2） II m7　V 7　I　I 7 / ^{b}7		E^{b}調（註 3） II m7^{-5}　V m7　I　（註 4） VII 7	

Verse 2

III m	VI m	（註 5） II	（註 7） V　V / $^{\#}$4
V 7 / 4	（註 6） I / 3　I m / ^{b}3	V /2	II m7
V / 2	II m　V 7		

Chorus

I　IV	（註 8） $^{\#}$V ^{o}7　I / 5	$^{\#}$IV m7^{-5}　IV
I / 3　（註 9） IV m6　IV / 5	I　IV	$^{\#}$V ^{o}7　I / 5　$^{\#}$IV m7^{-5}

Chorus End 1

IV　IV / 5	I	

Inter 1

I	I sus4	I	I sus4

直接練功篇

Chorus End 2

| IV　　IV / 5 | I | I sus4 | I |

| I sus4 |

Inter 2

| III m | VI m | IIm | V 9 |

| |

Chorus End 3

| IV　　IV / 5 | I | | I sus4 |

| | I | | I sus4 |

| | I |

註解

① 在 Verse 1 第 5 小節的 III 7 是後面 VI m 的 V 級七和絃。

② 在 Verse 1 的第 11 小節的 B^bm 在原 E^b 調中是調式互換平行小調的 V m，而在 A^b 調中則是 II m，以此和絃作為共同和絃銜接轉調，也可視為 2-5-1 區塊的進行。

③ 在 Verse 1 的第 12 小節的 II $m7^{-5}$（$Fm7^{-5}$） V m 是因為調式互換將平行小調的第 II 級和第 V 級和絃拿來使用 。 $Fm7^{-5}$ 在 A^{b} 調中則是調式互換平行 A^{b} Dorian 的第 VI 級和絃，因此作為銜接和絃轉回原調。

④ Verse 1 的第 12 小節第四拍的和絃 VII 7 則是接下來 III m 的 V 7 和絃 。

⑤ Verse 2 第 3 小節的 II，是藉由調式互換使用了平行 Lydian 調式和絃中的第 II 級。也是接下來和絃 V 的 V，前後和絃形成 2-5-1 的進行。

⑥ Verse 2 第 6 小節，I 接到 I m 是使用了平行小調的第 I 級和絃，兩者都以第一轉位的形式讓三音在低音部，造成低音部以半音趨近的方式來進行。

⑦ 更明顯的低音部半音趨近下行則是從 Verse 2 的第 4 小節的 V 開始，持續以半音下行走到 V / 2。當低音部使用此種進行時，和絃上常以轉位和絃進行銜接搭配。

⑧ Chorus 第 2 小節的 $^{\#}$V $^{o}7$ 是減七和絃，以此開始低音部一樣半音趨近下行至 I / 3，中間除了以減七和絃和轉位和絃來銜接外，另外還有個 $^{\#}$IV $m7^{-5}$ 是調式互換的方式使用了平行 Lydian 的第 IV 級和絃。

⑨ Chorus 第 4 小節的 IV m6 同樣也是與平行小調第 IV 級和絃的調式互換。

和絃參考歌曲

範例 6.

Evergreen

Barbra Streisand

曲式進行

Intro → Verse 1 → Verse 2 → Chorus → Verse 3 → Verse 4

和絃進行

Intro

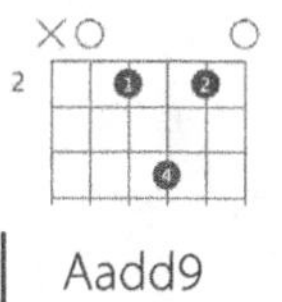
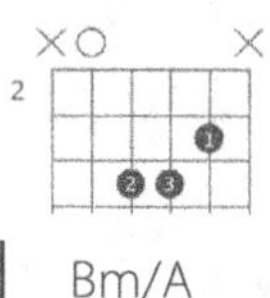
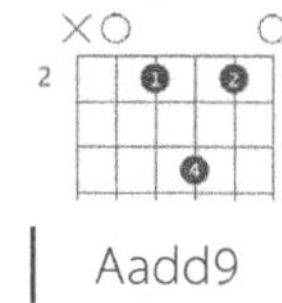
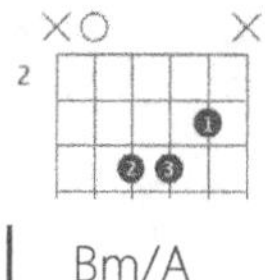

| Aadd9 | Bm/A | Aadd9 | Bm/A |

Verse 1

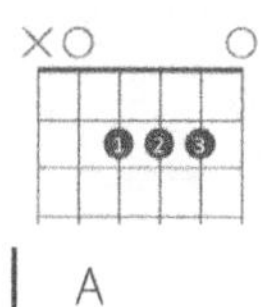
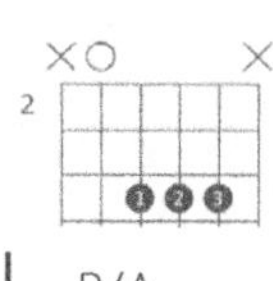
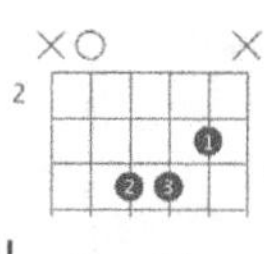
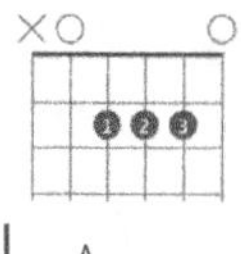

| A | B/A | Bm/A | A |

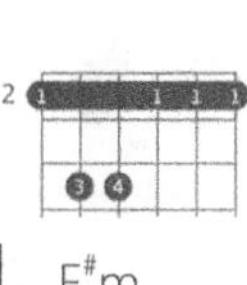
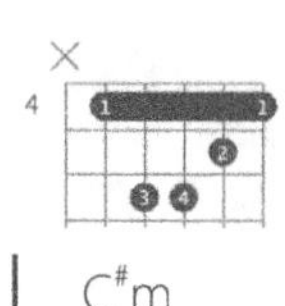
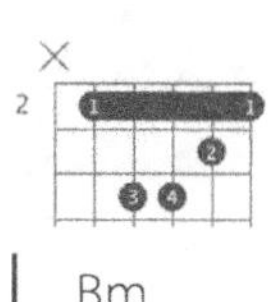
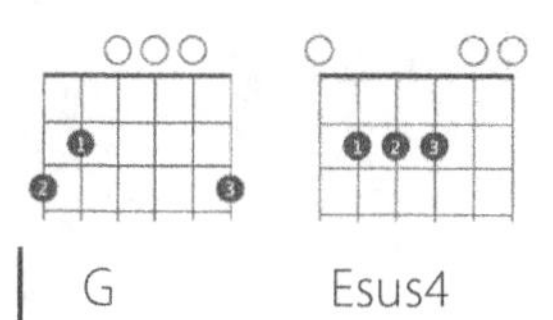

| F#m | C#m | Bm | G Esus4 |

Verse 2

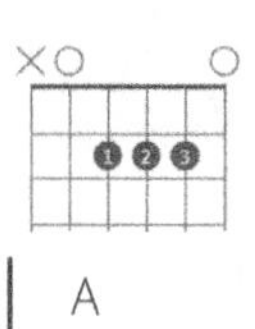
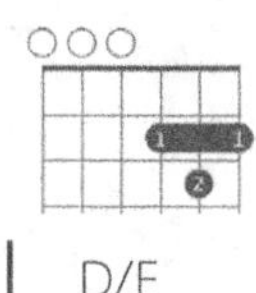
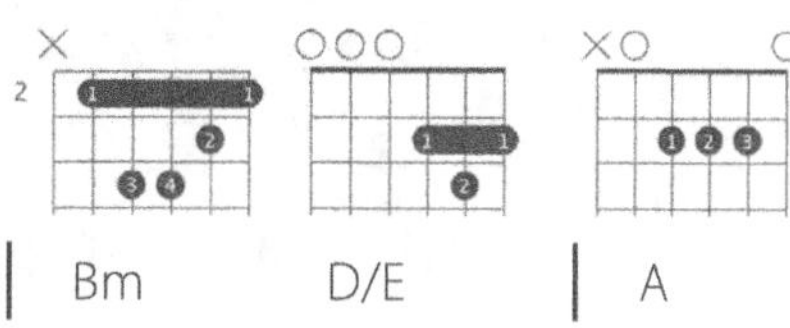

| A | D/E | Bm D/E | A |

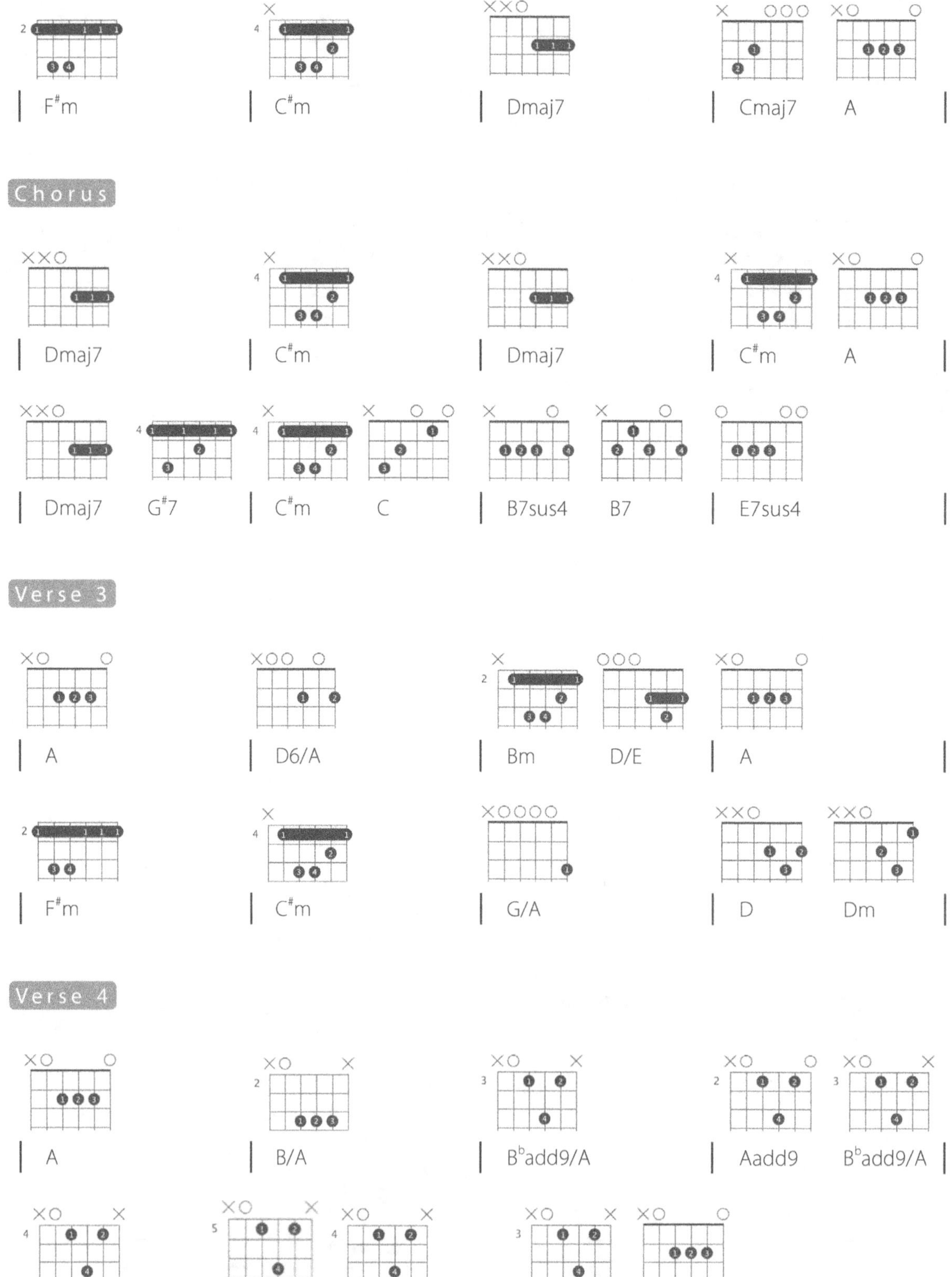

F#m
C#m
Dmaj7
Cmaj7
A
Chorus
Dmaj7
C#m
Dmaj7
C#m
A
Dmaj7
G#7
C#m
C
B7sus4
B7
E7sus4
Verse 3
A
D6/A
Bm
D/E
A
F#m
C#m
G/A
D
Dm
Verse 4
A
B/A
Bbadd9/A
Aadd9
Bbadd9/A
Badd9/A
Am11
Badd9/A
Bbadd9/A
A

分析

調性

A 調。

和絃級數

換成和絃級數表示：

Intro

| I add9 | II m / 1 | I add9 | II m / 1 |

Verse 1

| I | (註 1) II / 1 | II m / 1 | I |

| VI m | III m | II m | (註 2) $^{\flat}$VII V sus4 |

Verse 2

| I | (註 3) IV / 5 | II m IV / 5 | I |

| VI m | III m | IV maj7 | (註 4) $^{\flat}$III maj7 I |

Chorus

| IV maj7 | III m | IV maj7 | III m I |

| IV maj7 (註 5) VII 7 | III m (註 6) $^{\flat}$III | II 7sus4 (註 7) II 7 | V 7sus4 |

Verse 3

I	IV 6 / 1	II m　　IV / 5	I
VI m	III m	(註 8) ♭VII / 1	IV　　(註 9) IV m

Verse 4

I	II / 1	(註 10) ♭II add9 / 1	(註 12) I add9　♭II add9 / 1
II add9 / 1　　(註 11) I m11	II add9 / 1　　♭II add9 / 1	I	

註解

① 在 Verse 1 第 2 小節的 II / 1 是以平行 Lydian 來進行調式互換的使用，因此 II / 1 不會被當作是轉位和絃，而是 1 為根音的延伸或混合和絃。低音部連續 4 小節的持續低音讓音樂氛圍更有不同的感覺。

② 在 Verse 1 第 8 小節的 ♭VII 是來自平行小調的第 VII 級和絃，為調式互換的使用。

③ 在 Verse 2 的第 2 小節的 IV / 5 是 V 的延伸混合和絃，比直接用 V 7 來的更有特殊的 Mixolydian 調式風味。

④ Verse 2 的第 8 小節的 ♭III maj7 是來自平行小調的第 III 級七和絃，為調式互換的使用。

⑤ Chorus 第 5 小節的 VII 7 則是接下來 III m 的 V，即是一種 V - I 進行的格式。

⑥ Chorus 第 6 小節的 ^{b} III 來自平行小調的第 III 級和絃，為調式互換的使用。也是一種替代和絃，降二代五的用法。與前後和絃的低音部呈現的是半音趨近的進行。

⑦ Chorus 第 7 小節的 II 7 是接下來 V 7sus4 的Ｖ，即是一種Ｖ - Ｉ進行的格式。

⑧ Verse 3 第 7 小節的 ^{b} VII / 1 是平行 Mixolydian 的延伸混合和絃，調式互換，是有特殊的調式風味的一種混合和絃。

⑨ Verse 3 第 8 小節的 IV m 則是來自平行小調的第IV級和絃，為調式互換的使用。

⑩ Verse 4 的第 3 小節 ^{b} II add9 / 1 平行 Phrygian 的延伸混合和絃，以調式互換的方式使用。

⑪ 在 Verse 4 的第 5 小節的 I m11 以調式互換的方式使用，低音部延續 1 為低音。

⑫ 在 Verse 4 的最後 4 小節，以持續低音搭配和聲上半音的上行再下行，創造不同的調式連接感與情緒的起伏，是這首曲子相當具有特色的地方 。

和絃參考歌曲
範例 7.
Everything
Misia 米西亞

曲式進行

Intro → Verse 1 → Verse 2 → Bridge → Chorus 1 → Inter 1

→ Verse 2 → Bridge → Chorus 2 → Chorus 1 → Inter 2

→ Chorus 2 (升半調) → Chorus 3 → Outro

和絃進行

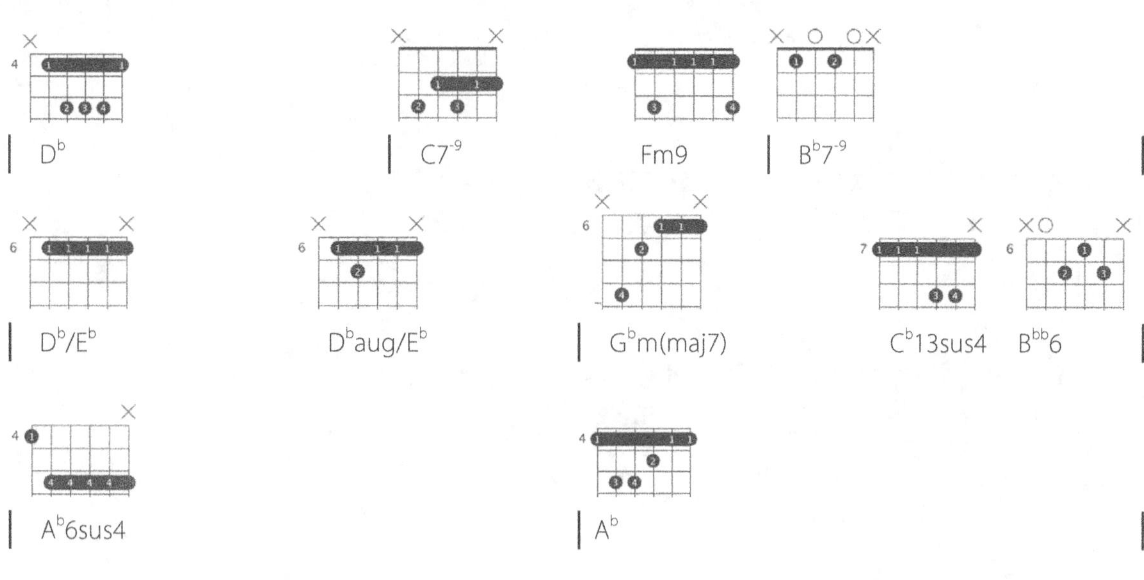

Verse 1

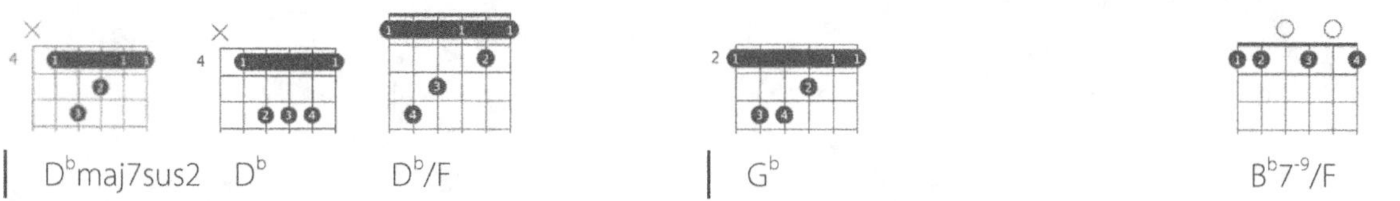

直接練功篇

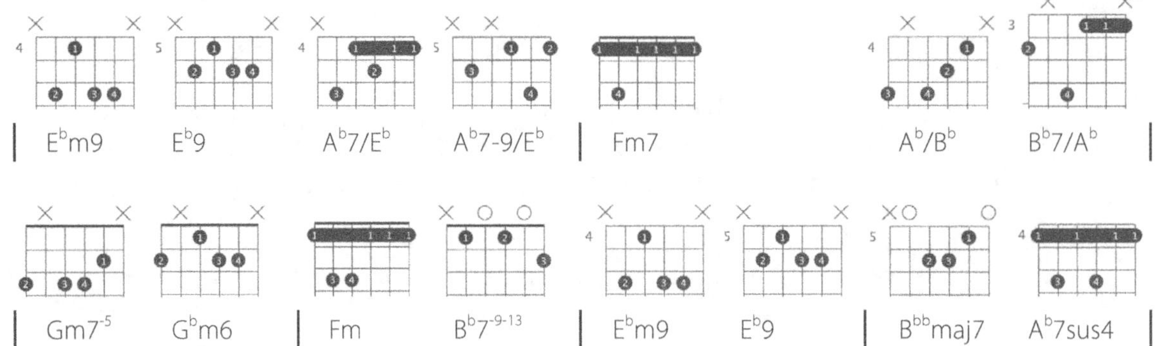

Verse 2

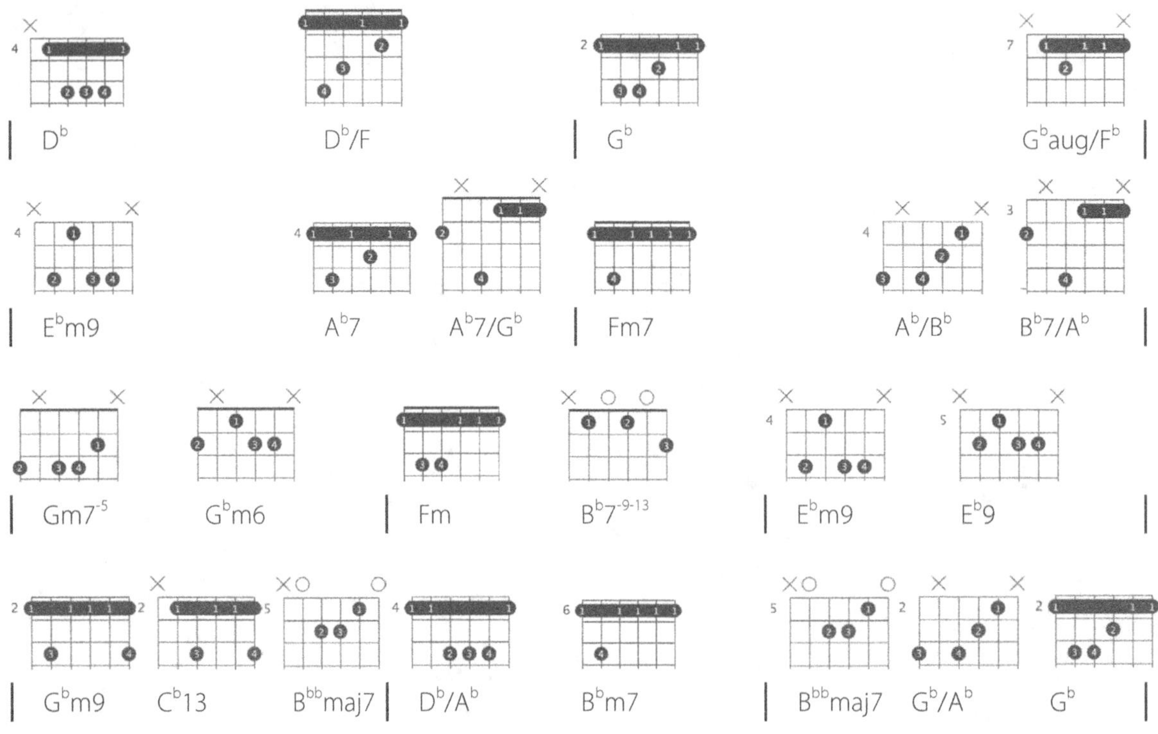

Bridge

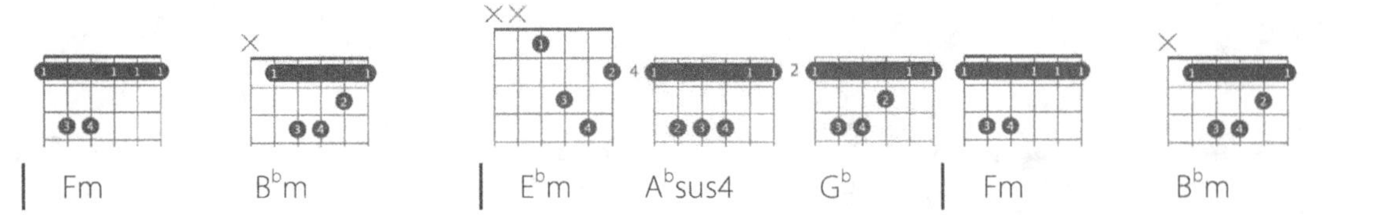

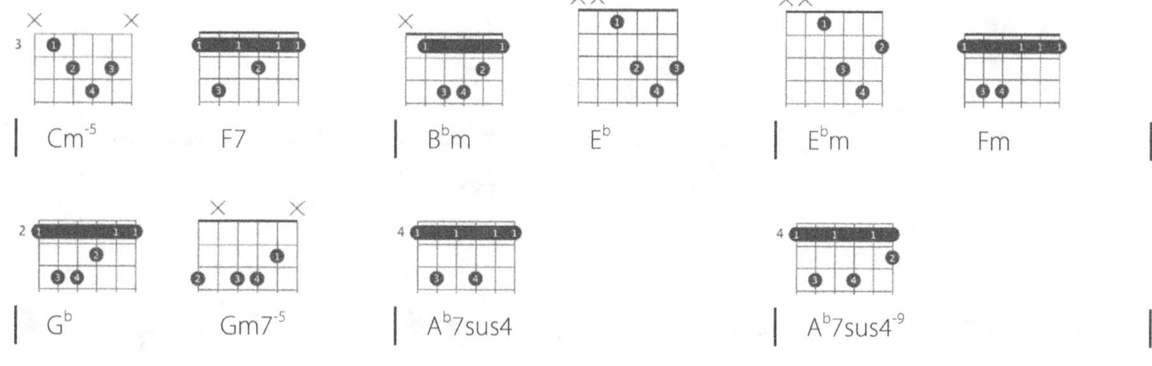

Chorus 1

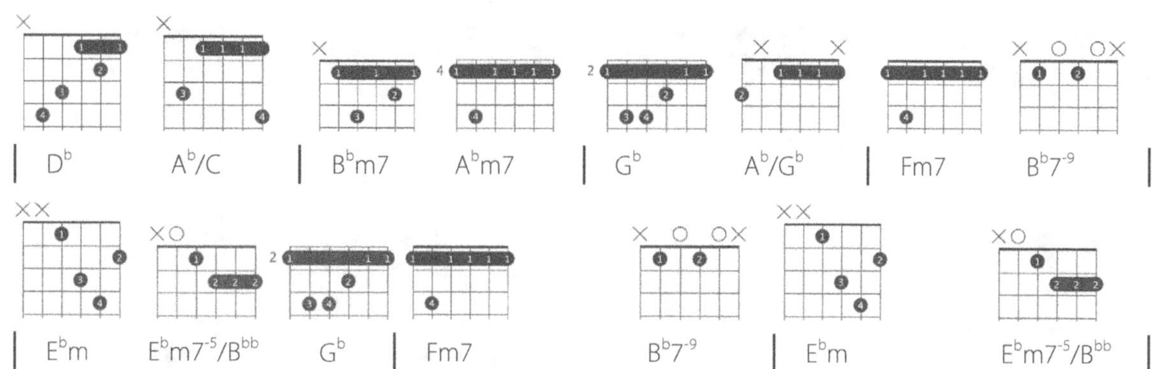

Inter 1

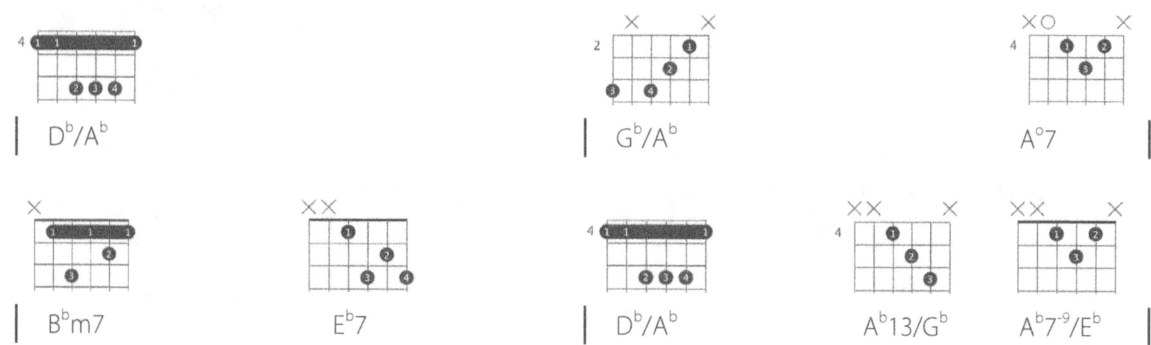

直接練功篇

Chorus 2

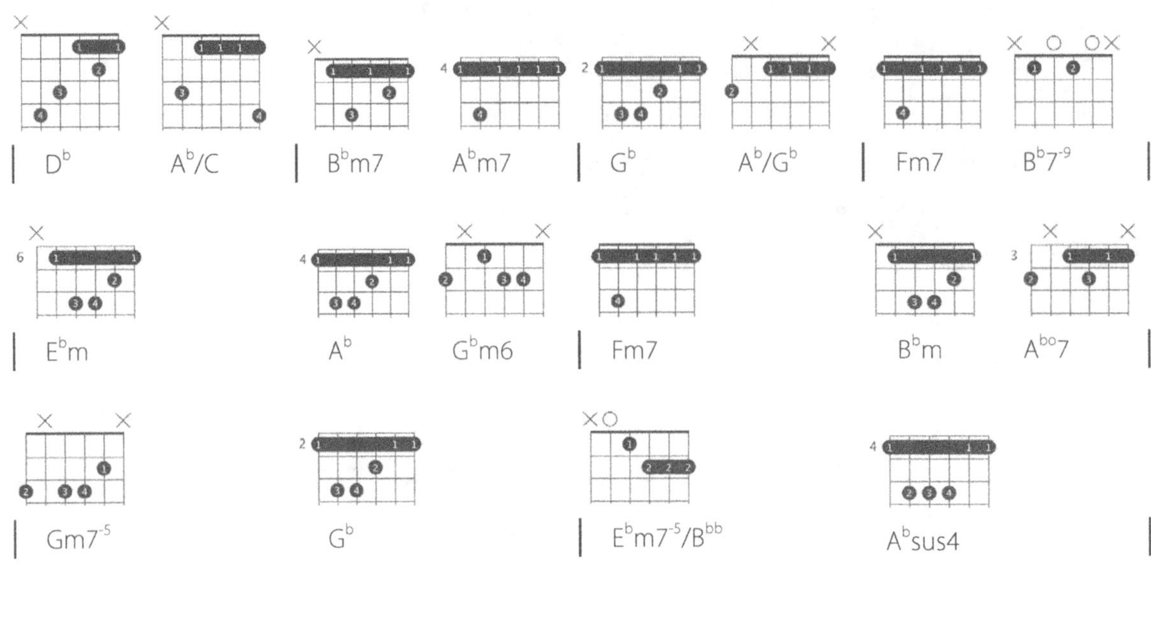

Inter 2

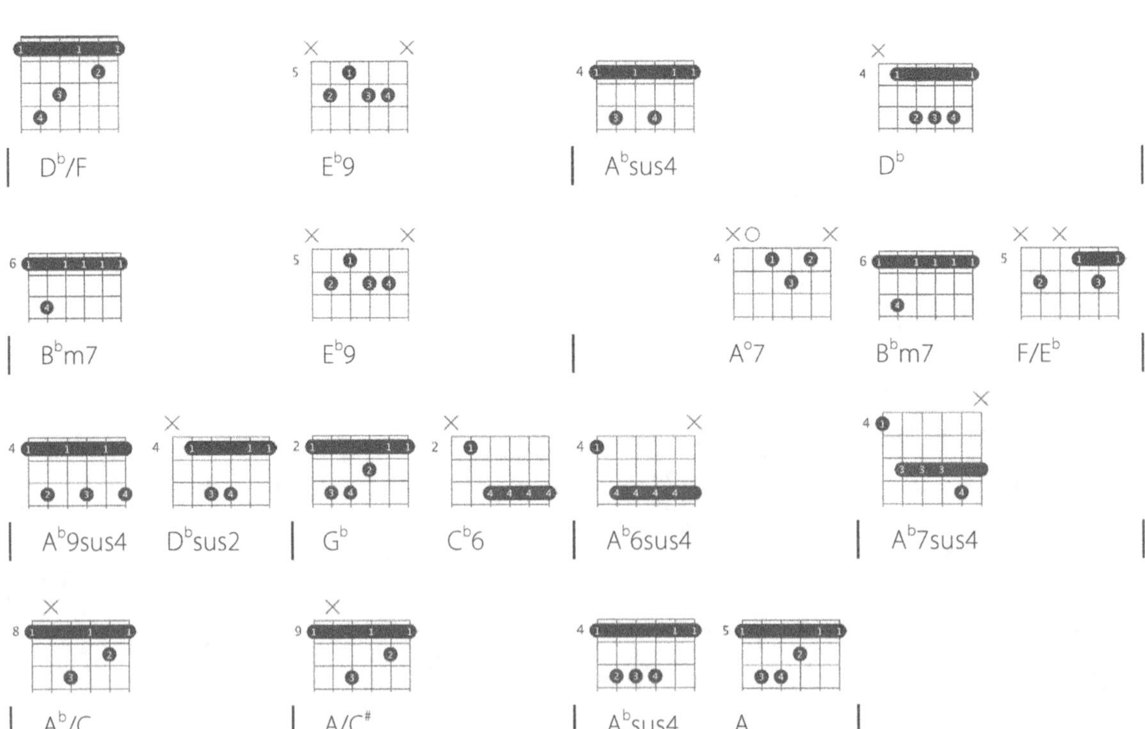

Chorus 3

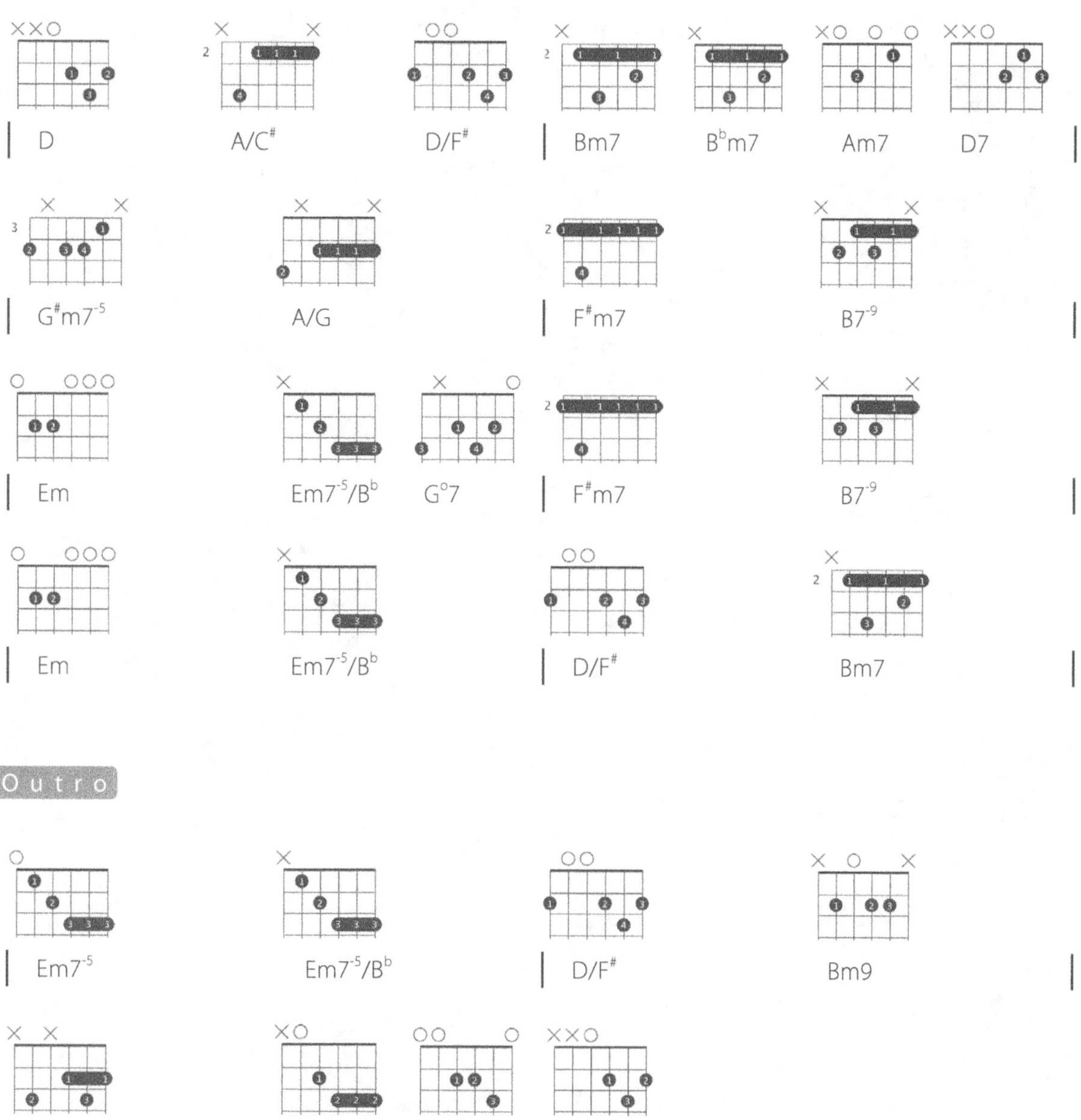

直接練功篇

分析

這首歌沒有許多轉調，但是靈活運用了許多和絃上的變化和絃，再搭配轉位和調式互換，讓整個音樂氛圍變得非常的有層次和豐富，是我們需要感受和學習的。

調性

D^b 調。Inter 2 的第 5 小節轉為 G^b 調，第 7 小節再回到 D^b 調，最後一小節的最後和絃升了半音上去轉成了 D 調。

和絃級數

換成和絃級數表示：

Intro

| I | (註 1) VII 7^{-9} III m9 | (註 2) VI 7^{-9} |

| (註 3) I / 2 I aug / 2 | (註 4) IV m(maj7) (註 5) ^{b}VII 13sus4 ^{b}VI 6 |

| V 6sus4 | V |

Verse 1

| Ⅰ maj7sus2 Ⅰ Ⅰ /3 | Ⅳ (註 6) Ⅵ 7^{-9}/3 |

| Ⅱ m9 (註 7) Ⅱ 9 Ⅴ 7/2 (註 8) Ⅴ 7^{-9}/2 | Ⅲ m7 (註 9) Ⅴ /6 Ⅵ 7/5 |

| (註 10) #Ⅳ $m7^{-5}$ Ⅳ m6 | Ⅲ m (註 11) Ⅵ 7^{-9-13} | Ⅱ m9 (註 12) Ⅱ 9 | bⅥ maj7 Ⅴ 7sus4 |

Verse 2

| Ⅰ Ⅰ /3 | Ⅳ (註 13) Ⅳ aug / b3 |

| Ⅱ m9 Ⅴ 7 Ⅴ 7/4 | Ⅲ m7 Ⅴ /6 Ⅵ 7/5 |

| #Ⅳ m7-5 Ⅳ m6 | Ⅲ m Ⅵ 7^{-9-13} | Ⅱ m9 Ⅱ 9 |

| (註 14) Ⅳ m9 bⅦ 13 bⅥ maj7 | Ⅰ /5 Ⅵ m7 | bⅥ maj7 Ⅳ /5 Ⅳ |

Bridge

| Ⅲ m Ⅵ m | Ⅱ m Ⅴ sus4 Ⅳ | Ⅲ m Ⅵ m |

| (註 15) Ⅶ m^{-5} Ⅲ 7 | Ⅵ m Ⅱ | Ⅱ m Ⅲ m |

| Ⅳ #Ⅳ $m7^{-5}$ | Ⅴ 7sus4 | Ⅴ $7sus4^{-9}$ |

Chorus 1

| Ⅰ Ⅴ /7 | Ⅵ m7 Ⅴ m7 | Ⅳ Ⅴ 7/4 | Ⅲ m7 Ⅵ 7^{-9} |

| Ⅱ m (註 16) Ⅱ $m7^{-5}$/b6 Ⅳ | Ⅲ m7 Ⅵ 7^{-9} | Ⅱ m Ⅱ $m7^{-5}$/b6 |

Inter 1

(註 17)

| Ⅰ / 5 | Ⅳ / 5 $^{\#}$Ⅴ ^{o}7 |

| Ⅵ m7 Ⅱ 7 | Ⅰ / 5 Ⅴ 13 / 4 Ⅴ 7^{-9}/ 2 |

Chorus 2

| Ⅰ Ⅴ / 7 | Ⅵ m7 Ⅴ m7 | Ⅳ Ⅴ 7/4 | Ⅲ m7 Ⅵ 7^{-9} |

| Ⅱ m Ⅴ Ⅳ m6 | Ⅲ m7 Ⅵ m Ⅴ ^{o}7 |

| $^{\#}$Ⅳ m7-5 Ⅳ | Ⅱ $m7^{-5}$/ ^{b}6 Ⅴ sus4 |

Inter 2

| Ⅰ / 3 Ⅱ 9 | Ⅴ sus4 Ⅰ |

(註 18)

| Ⅵ m7 Ⅱ 9 | $^{\#}$Ⅴ o7 Ⅵ m7 Ⅲ / 2 |

G♭ 調 D♭ 調

| Ⅱ 9sus4 Ⅴ sus2 | Ⅰ Ⅳ 6 | Ⅴ 6sus4 | Ⅴ 7sus4 |

D 調 (註 19)

| Ⅴ / 7 | ^{b}Ⅵ / 1 | Ⅴ sus4 Ⅴ |

Chorus 3

| Ⅰ Ⅴ / 7 Ⅰ /3 | Ⅵ m7 ^{b}Ⅵ m7 Ⅴ m7 Ⅰ 7 |

| $^{\#}$Ⅳ m7-5 Ⅴ 7/ 4 | Ⅲ m7 Ⅵ 7^{-9} |

| Ⅱ m Ⅱ $m7^{-5}$/ ^{b}6 Ⅳ ^{o}7 | Ⅲ m7 Ⅵ 7^{-9} |

| Ⅱ m Ⅱ $m7^{-5}$/ ^{b}6 | Ⅰ / 3 Ⅵ m7 |

Outro

II m7^{-5}	II m7^{-5} / ^{b}6	I / 3	VI m9
（註 20）I / ^{b}7	V 7sus4^{-9} V sus4 / 2	I	

註解

① 在 Intro 的第二個和絃 VII 7^{-9} 是接下來 III m9 的 V 級小九和絃。

② 在 Intro 的第四個和絃 VI 7^{-9} 是接下來 II 級混合和絃的 V 級小九和絃。

③ Intro 第四小節的 I / 2 是來自第 II 級延伸和絃，拿掉和絃的三音並讓上方聲部為 I 的組成音，變成了更加曖昧的混合和絃。單看這樣的和絃組成則另外十分具有 Mixolydian 調式的色彩。其後接著的是上方聲部和絃的變化和絃。

④ Intro 第五小節的 IV mmaj7 使用了和平行自然小調調式互換來的第 IV 級和絃，其中又將自然小調的的第 IV 級的七音變為 maj7，強調了大調的色彩，並且使用了轉位讓低音部有了不同用音的味道。

⑤ Intro 第五小節的 ^{b} VII 13sus4 和 ^{b} VI 6 是來自平行自然小調的調式互換。

⑥ Verse 1 第二小節第 2 個和絃 VI 7^{-9} / 3 是接下來 II m9 的 V 級小九和絃的第二轉位。

⑦ Verse 1 第三小節的 II 9 是接下來 V 7 / 2 的 V。

⑧ Verse 1 第 3 小節的 V 7^{-9} / 2 是以調式互換使用了平行和聲小調的 V 級小九和絃。

⑨ Verse 1 第 4 小節的 Ⅴ / 6　Ⅵ 7 / 5 和第 5 小節的 # Ⅳ $m7^{-5}$ 在高音聲部形成半音下行，而前面兩個分割和絃則是將 Ⅵ 級和絃以屬七和絃的形態進行，Ⅴ / 6 可以視作 Ⅵ 7sus4，而 Ⅵ 7 / 5 則是 Ⅵ 7 的第三轉位，且最後並未進行解決，而是順著半音變化進到下一個和絃。

⑩ Verse 1 第 5 小節的 # Ⅳ $m7^{-5}$ 是以調式互換使用了平行 Lydian 的 Ⅳ 級和絃，接下來的 Ⅳ m6 則是平行自然小調的 Ⅳ 級和絃。

⑪ Verse 1 第 6 小節的 Ⅵ 7^{-9-13} 是接下來 Ⅱ m9 的Ⅴ級。

⑫ 在 Verse 1 第 7 小節的Ⅱ 9 是後面第 8 小節的 Ⅴ 7sus4 的Ⅴ，而他們中間再加了一個平行小調的第 Ⅵ 級 b Ⅵ maj7 來做低音部半音趨近的過門和絃 。

⑬ 在 Verse 2 的第 2 小節的Ⅳ aug / b3 是增和絃的混合和絃，其中低音部和其中的組成音與接下來的和絃可以有半音變化的效果。

⑭ Verse 2 的第 8 小節的 Ⅳ m9　b Ⅶ 13 除了調式互換外，也有著Ⅱ→Ⅴ的關係，這一小節拉長了第 7 小節的Ⅱ 9 前進到第 9 小節的 Ⅰ / 5 的時間。

⑮ Bridge 第 4 和第 5 小節的 Ⅶ m^{-5}　Ⅲ 7　Ⅵ m，是小調的Ⅱ→Ⅴ→Ⅰ關係，Ⅵ m 後面接了Ⅱ，也是一個 Ⅱ→Ⅴ的關係。

⑯ Chorus 1 第 5 小節的 Ⅱ $m7^{-5}$ / b6 是調式互換用了平行小調的第 Ⅱ 級和絃，並且是第二轉位。

⑰ Inter 1 第 2 小節的 $^{\#}$V ^{o}7 減七和絃，是利用低音部半音趨近至 VI m 的過門和絃。

⑱ Inter 2 第 4 小節的 III / 2 低音與接下來轉入的 G^{b} 調的 II 9sus4 有一個 V→ I 的關係，因此功能上它是一個副屬和絃而不是轉位和絃。分析它與前後和絃的組成音，可以發現它讓聲部上出現的半音變化。

⑲ Inter 2 第 11 小節，直接用半音趨近的方式升上 D 調的 V 級來進行轉調。

⑳ Outro 的第 3 小節的 I / ^{b}7 並不是 I 級七和絃的轉位，而是調式互換自然小調的第VII級的 ^{b}VII 延伸和絃，以混合和絃的方式使用，形成了 Lydian 調式的色彩氛圍。

看到分割和絃（所謂的分子分母和絃）要如何分辨它是轉位和絃還是混合和絃？

其實不難，只要把上層的和絃拿來直接替換到進行中彈彈看，如果聽起來還是和原來的感覺和氛圍差不多，就應該屬於轉位和絃；如果聽起來味道差蠻多的，就是屬於混合和絃。通常混合和絃的感覺比較是低音部為根音的延伸或變化和絃，味道比較曖昧，不會太穩定，也會有比較大的空間去接到其他多種和絃去，在其他類似 Fusion 的音樂中經常使用到。

理解分析，加速學習

分析整合篇

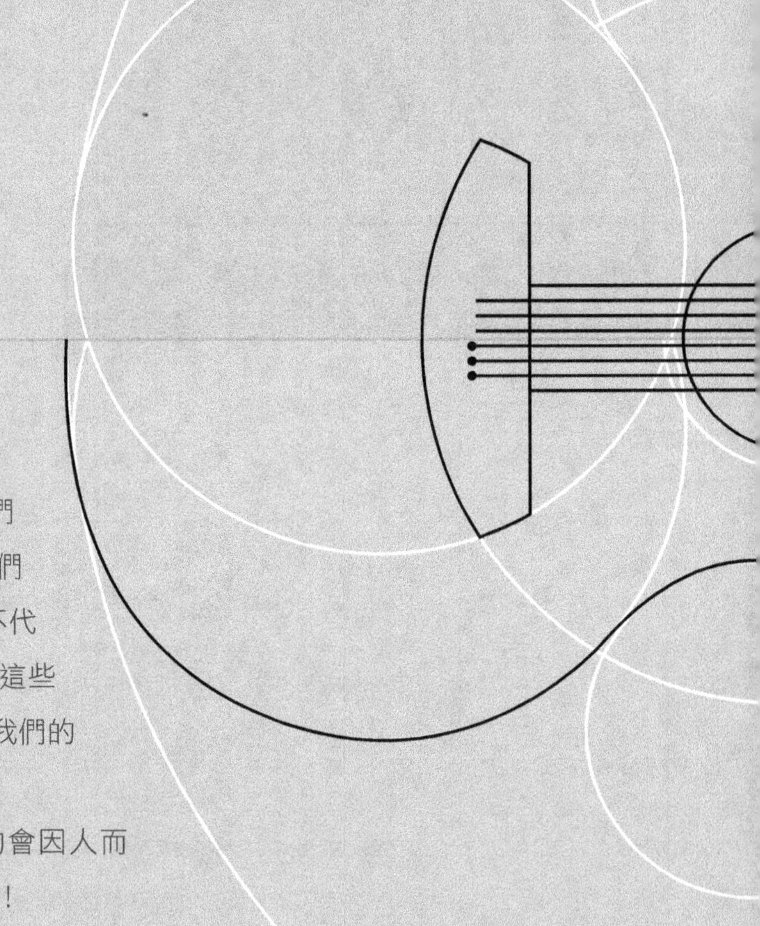

對於前面的和絃進行有足夠的熟悉了嗎？那讓我們統合一下這些曲子內的手法吧。

請記得整理出來的這些手法與分析，它們只代表著經常被使用好聽與張力的元素，我們學習它們來增加自己在音樂中的工具庫，不代表我們只能使用這些工具喔，也不代表用了這些東西就一定好聽順耳，最終的判斷還是要靠我們的耳朵。

大家的工具都一樣，但能展現出來的會因人而異，我們可以從這些曲子中多加體驗！

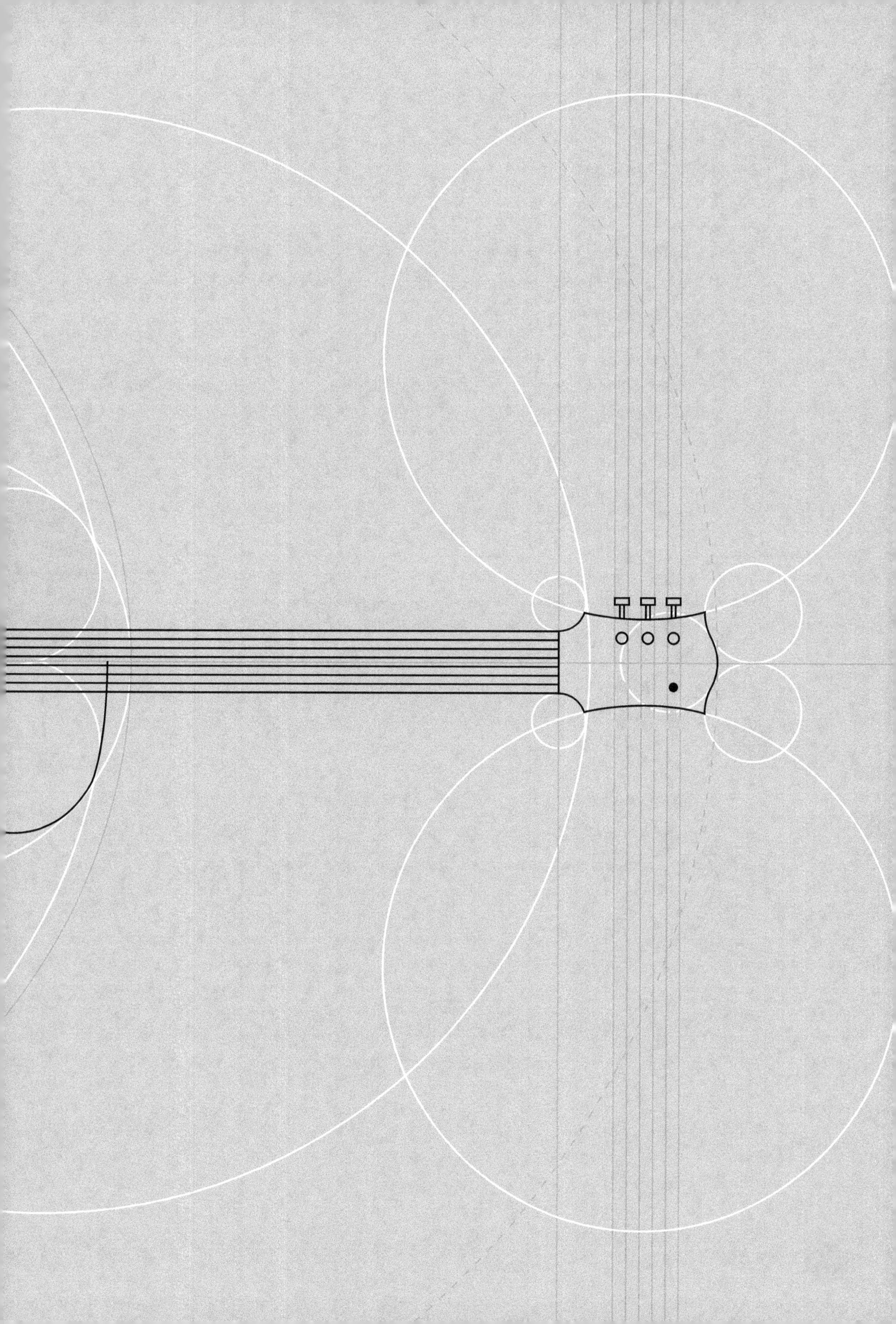

順階三和絃

基本的調內和絃。不同的調，有屬於其基本的順階和絃，與其他調都不太一樣。不過它們的組成格式都是一樣的，因此可以由和絃級數（羅馬符號）來表示。第 I 級指的就是調內第一個和絃，依此類推。

級數	I	II	III	IV	V	VI	VII
C 調	C	Dm	Em	F	G	Am	Bm^{-5}
G 調	G	Am	Bm	C	D	Em	$F^{\#}m^{-5}$
直接表示法	I	II m	III m	IV	V	VI m	$VII\ m^{-5}$

直接表示法以羅馬符號取代簡譜的數字，讓和絃名稱部分不會和右邊的組成音數字（-5, sus4…）混淆。

轉位和絃

轉位和絃的表現形態是分割和絃（也就是分子分母和絃）的一種，上方是和絃，下方低音部則是根音以外的其他和絃組成音。三音在低音部稱為第一轉位，五音在低音部為第二轉位，如果和絃組成音有 4 個的七和絃，那就會有第三轉位。

轉位和絃常用來作為：

①. 過門。

②. 讓低音部減少大跳（吉他上可減少換和絃時把位大跳）。

③. 藉此設計出低音的旋律線，級進，或半音趨近的效果。

最常見的就是C調中的G/B、C/E、C/G等等，如以下的進行：

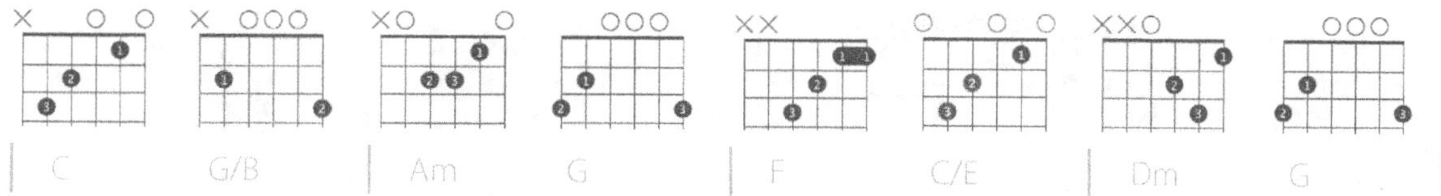

低音部有了順階下行的旋律線條。當然如果只彈上層的原位和絃也是可以的，因為主要功能還是來自原位的根音位置，可以自行彈奏比較看看效果。

前方曲目中，除了《範例四 I Just Can’t Stop Loving you》，其他每一首都有用到轉位和絃，這是相當常見的，請慢慢地體會它們的不同處與效果。

混合和絃

混合和絃的表現形態也是分割和絃的一種，與轉位和絃不同的是，上方的和絃音是來自下方低音部為根音的和絃外音或延伸音，或是可用音階的音，也可能是為了和前後和絃的聲部進行變化半音趨近而形成的和絃。這種和絃通常拿掉了原本和絃的三音，使用起來感覺會較有曖昧感。雖然上方的聲部形態是另一個和絃組成，但主要和絃功能上還是以下方的低音所屬的和絃位置為主，許多調式和聲經常以此形態表現。

混合和絃和轉位和絃有類似的功能，常用來：

①. 過門。
②. 藉此設計出和絃進行的旋律線，級進，或半音趨近的效果。
③. 轉調。
④. 製造一種懸而未決的不穩定感。

最常見的就是 C 調中的 F/G、D/C 等等，如以下的進行：

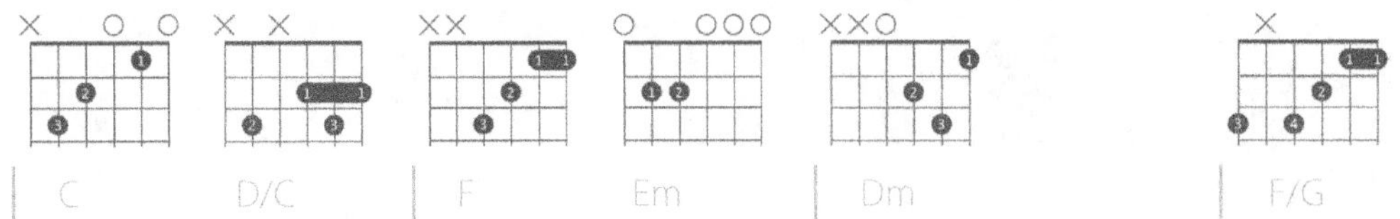

關於轉位和絃或是混合和絃的判斷，請參考前方《範例七 Everything》分析中的備註（p.62 頁）。

前方曲目中，混合和絃出現在：
《範例四 I Just Can't Stop Loving you–Chorus & Bridge》、《範例五 Say Yes》、《範例六 Evergreen》、《範例七 Everything》

調式互換

調式互換是將平行調的和絃們拿來做同位置替換或直接使用的手法。而除了我們熟悉的平行大小調之外，還有其他的平行調式也可以拿來用調式互換來使用他們的和絃。

所謂的調式也就是依照自然音階上的各音當主音而排列出來的音階形態，共有 7 種，分別是 Ionian, Dorian, Phrygian, Lydian, Mixolydian, Aeolian, Locrian，其中以第 1 音為主音的 Ionian 和大調音階相同，第 6 音為主音的 Aeolian 則和小調音階相同。

主音	調　　式	調式音階	音階結構格式（主音為 1）
C	C Ionian	C D E F G A B	1 2 3 4 5 6 7
D	D Dorian	D E F G A B C	1 2 ♭3 4 5 6 ♭7
E	E Phrygian	E F G A B C D	1 ♭2 ♭3 4 5 ♭6 ♭7
F	F Lydian	F G A B C D E	1 2 3 ♯4 5 6 7
G	G Mixolydian	G A B C D E F	1 2 3 4 5 6 ♭7
A	A Aeolian	A B C D E F G	1 2 ♭3 4 5 ♭6 ♭7
B	B Locrian	B C D E F G A	1 ♭2 ♭3 4 ♭5 ♭6 ♭7

依據各調式音階，再加上自然小音階、和聲小音階和旋律小音階所形成的各級順階和絃則可表示如下表：

級　數	I	II	III	IV	V	VI	VII
自小	I m	II m^{-5}	♭III	IV m	V m	♭VI	♭VII
和小	I m	II m^{-5}	♭III^{+}	IV m	V	♭VI	VII m^{-5}
旋小	I m	II m	♭III^{+}	IV	V	VI m^{-5}	VII m^{-5}
Dorian	I m	II m	♭III^{+}	IV	V m	VI m^{-5}	♭VII
Phrygian	I m	♭II	♭III	IV m	V m^{-5}	♭VI	♭VII m
Lydian	I	II	III m	♯IV m^{-5}	V	VI m	VII m
Mixolydian	I	II m	III m^{-5}	IV	V m	VI m	♭VII
Locrian	I m^{-5}	♭II	♭III m	IV m	♭V	♭VI	♭VII m

以三和絃形態來看，有許多的重覆和絃，但是如果以七和絃形態來看的話，就可以更明顯看出使用上來源的不同：

級　數	Ⅰ	Ⅱ	Ⅲ	Ⅳ	Ⅴ	Ⅵ	Ⅶ
自小	Ⅰ m7	Ⅱ m7^{-5}	✓ ^{b}Ⅲ maj7	✓ Ⅳ m7	Ⅴ m7	^{b}Ⅵ maj7	✓ ^{b}Ⅶ 7
和小	✓ Ⅰ m(maj7)	✓ Ⅱ m7^{-5}	^{b}Ⅲ maj7^{+}	Ⅳ m7	✓ Ⅴ 7	^{b}Ⅵ maj7	✓ Ⅶ °7
旋小	Ⅰ m(maj7)	Ⅱ m7	^{b}Ⅲ maj7^{+}	Ⅳ 7	Ⅴ 7	Ⅵ m7^{-5}	Ⅶ m7^{-5}
Dorian	Ⅰ m7	Ⅱ m7	^{b}Ⅲ maj7^{+}	✓ Ⅳ 7	Ⅴ m7	✓ Ⅵ m7^{-5}	✓ ^{b}Ⅶ maj7
Phrygian	Ⅰ m7	✓ ^{b}Ⅱ maj7	✓ ^{b}Ⅲ 7	Ⅳ m7	✓ Ⅴ m7^{-5}	✓ ^{b}Ⅵ maj7	✓ ^{b}Ⅶ m7
Lydian	Ⅰ maj7	✓ Ⅱ 7	Ⅲ m7	✓ $^{\#}$Ⅳ m7^{-5}	✓ Ⅴ maj7	Ⅵ m7	✓ Ⅶ m7
Mixolydian	✓ Ⅰ 7	Ⅱ m7	✓ Ⅲ m7^{-5}	Ⅳ maj7	✓ Ⅴ m7	Ⅵ m7	✓ ^{b}Ⅶ maj7
Locrian	✓ Ⅰ m7^{-5}	^{b}Ⅱ maj7	✓ ^{b}Ⅲ m7	Ⅳ m7	✓ ^{b}Ⅴ maj7	✓ ^{b}Ⅵ 7	^{b}Ⅶ m7

打勾的和絃就是一般有被拿出來進行調式互換的和絃。當然這些整理出來的表可以作為參考，實際上的調式互換使用還是要以聽起來的感覺為主。

一般說來：

①. 大調音樂中，時常與 自然小調、Lydian、Mixolydian 的和絃進行調式互換。

②. 小調音樂中，則時常與 和聲小調、旋律小調、Dorian 的和絃進行調式互換。

③. 如果出現 Ⅰ m6，就是屬於旋律小調的調式互換，用 6 音來與和聲小調的 Ⅰ m(maj7) 作區隔。

④. ^{b}Ⅱ maj7 、^{b}Ⅵ 7、^{b}Ⅶ 7 常出現在終止式裡頭，其中 ^{b}Ⅱ 、^{b}Ⅵ 7 對於原調來說也是種增六和絃。

⑤. Ⅴ m7 的使用常視為來自 Mixolydian，而不是自然小調（也常被當成 251 進行的 2）。

⑥. 如果出現 Ⅳ m6 或 Ⅳ m(maj7)，通常也是屬於 Ⅳ m7 的形態，但是 Ⅳ m(maj7) 更增添大調感，因為它的大七度音就是大調音階的 3 音。

⑦. Ⅱ $m7^{-5}$ 後常接著 Ⅴ 7^{-9}，此時就是來自和聲小調的調式互換。

⑧. 混合和絃也常來自調式互換的手法。比如 D/C，就是來自 C Lydian 的一種混合和絃，也可視為 Cmaj7(#11) 的表現形態。

歌曲中的 Ⅳ 級和絃是經常採用調式互換的：

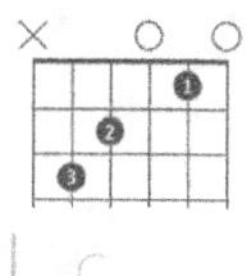
C

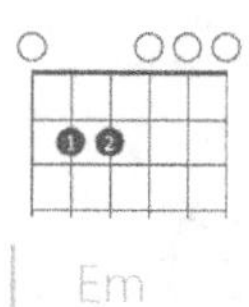
Em

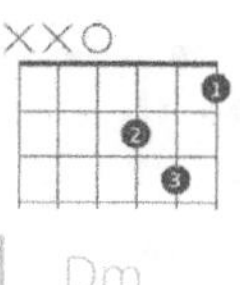
Dm

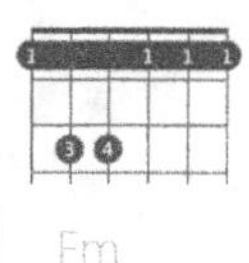
Fm

實際上和絃該怎麼用這件事，在此不贅述太多，因為這都是從音樂和歌曲中分析而來，每個人也都可能有自己的見解與手法，因此還是實際去從聆聽音樂中進行體驗與分析才能真正學習，也才容易記得，因此在此僅給出調式互換的大方向就好，大家也可以多加進行樂曲分析與創作編曲時嘗試。

當然如果想學習詳細的和聲樂理，請另尋其他專門的和聲理論教材。

而前面的曲目中，每一首都有使用到調式互換手法，有關各曲調式互換的部分，請參考各曲目後的分析。

持續音

持續音的使用幾乎沒有任何侷限，以常用度來說，最常出現的持續音是主音和屬音，可以維持住調性穩定，而且多半用在低音部，上方聲部的和絃在開始與結束常用調內的和絃，中間某段時間內會使用與持續音不協調的和絃作為張力，如此有張力的形成和解決通常才是好的手法。

而持續音有時可能會同時出現兩個或三個。

持續音的出現常伴隨著轉位和絃或是混合和絃的出現，它是屬於一種水平方向的考量所使用的手法。

以下是C調C為主音持續音的範例：

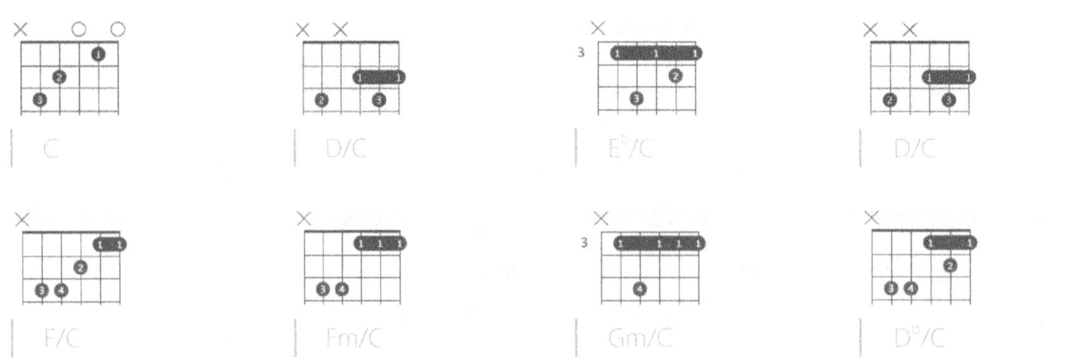

前方曲目中，有使用持續音的有：

《範例五 Say Yes – Intro, Verse 2, Inter 1, Chorus 3 End》、《範例六 Evergreen – Intro, Verse 1, Verse 4》、《範例七 Everything – Inter 1, Inter 2》有較短暫的持續音。

2-5-1 進行

2-5-1 進行就是連續 3 個和絃，彼此的關係會是 II 級 → V 級 → I 級的關係，而這短暫的關係也可能只有 2-5 或 5-1，關鍵在於一定會有 5（V）的存在。

這裡的 V，可以稱作副屬和絃，或是第二屬和絃，它算是目標和絃 I 的屬和絃，原則上它的根音需要是調內音階上的音。因此，基本上一個調的第 II、III、IV、V、VI級都可以產生一個自己的屬和絃，第VII級的屬和絃較不使用，因為其完全五度的根音並非調內音階上的音。如果以 C 調來說則如下：

副屬和絃（V）	目標和絃（I）
A or A7	Dm
B or B7	Em
C or C7	F
D or D7	G
E or E7	Am

副屬和絃經常使用它的七和絃來更明顯表現它的功能，因為屬七和絃的結構在調內和絃裡只會存在第 V 級上。

2-5-1 的 2 是關係 II m 和絃，是小三和絃的形態。因此以 C 調來說，2-5-1 的和絃使用大致如下：

關係 II m	副屬和絃（V）	目標和絃（I）
Em or Em7	A or A7	Dm
F#m or F#m7	B or B7	Em
Gm or Gm7	C or C7	F
Am or Am7	D or D7	G
Bm or Bm7	E or E7	Am

使用上來說，常常可以發現如果目標 I 是小三和絃形態，那麼關係 II m 常使用小調形態的 II $m7^{-5}$ ，像是小調形態的 2-5-1 進行， II m7-5 → V 7 → I m 。

範例：

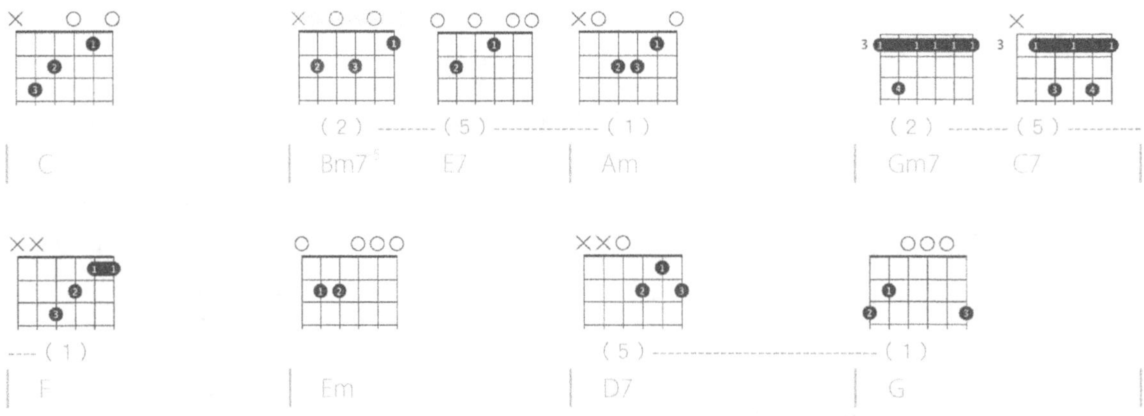

前方曲目中，除了《範例一 今天沒回家》以外，其他全都有採用了 2-5-1 進行或是部分 2-5-1 進行，這也是十分常見的用法，請至各曲目後的分析中加以瞭解與學習。

如果一首曲子有很多的這種分屬不同調的 2-5-1 區塊，那也就是一種多調性音樂。爵士音樂中就經常出現多調性音樂的曲子。

減七和絃

減七和絃並不像其它七和絃加上原本和絃的大七或小七度音而變成減七和絃，它的七音必須是減七度的音才可以。也就是減和絃再加減七度音才是減七和絃。

從結構上來看即為 1 $^{b}3$ $^{b}5$ $^{bb}7$ 。我們可以發現到其中一個特別的地方，就是相鄰的組成音之間都是小三度的音程，也因此它的轉位也就等於了另一個減七和絃，也就是說 4 個不同名稱的減七和絃其實都是相同的和絃。

$C^{o}7 = E^{bo}7 = G^{bo}7 = B^{bbo}7(A^{o}7)$

$C^{\#o}7 = E^{o}7 = G^{o}7 = B^{bo}7$

$D^{o}7 = F^{o}7 = A^{bo}7 = C^{bo}7(B^{o}7)$

結果，所有的減七和絃歸納起來就只有 3 種了。

因為音程上的特色，使得減七和絃聽起來十分的曖昧不穩定，但也因此它幾乎可以解決到任何的和絃上而不會聽起來太怪異。當然實際上操作起來，它仍需要我們的耳朵來作判斷使用起來的感覺。

這個特性使它經常被使用在：

①.過門。

②.轉調。

③.半音趨近手法。

（也就是低音部半音趨近上行或下行至目標和絃，比如在 I 和 II m 之間放上 ^{b} II $^{o}7$）

④.屬和絃（V級）的替代。

（和聲小調屬小九和絃組成為：5 7 2 4 $^{b}6$，去掉根音後就成了減七和絃的結構）

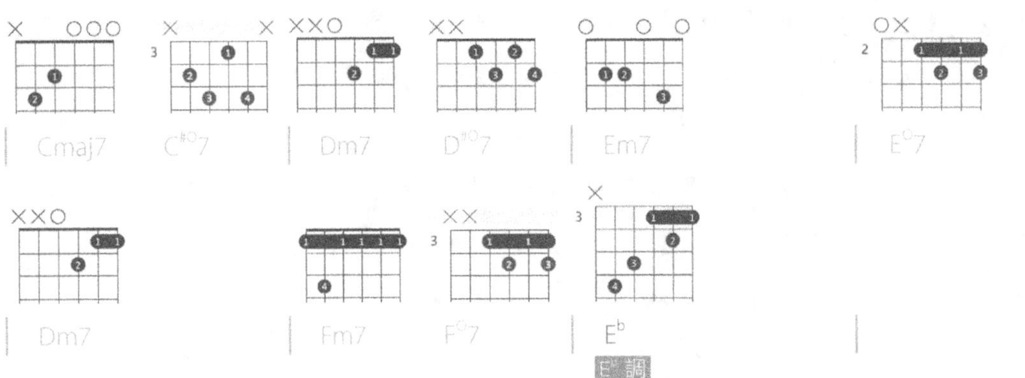

前面的曲目中，使用了減七和絃的有：

《範例三 She - Verse》、《範例五 Say Yes–Chorus》、《範例七 Everything–Verse 1, Inter 1, Chorus 2, Chorus 3》

2 代 5

這個意思就是用 $^{\flat}$II 這個和絃來把原本使用在 V→I 的 V 替換掉。一般來說會以七和絃的形式來進行替換，原因是因為他們的結構如下：

以 C 調來說：

$^{\flat}$II 7 = $^{\flat}$2 4 $^{\flat}$6 $^{\flat}$1

V 7 = 5 7 2 4

他們一樣都有 4 和 7 ($^{\flat}$1) 這兩個音，除了因為這兩個音不穩定的音程（三全音）需要解決外，7 音是導音，有往 1 音走來解決的傾向，4 音也有往 3 音走的解決傾向，因此兩個和絃有同樣的功能， V 7→ I 也就可以變成 $^{\flat}$II 7→ I 來作取代。

以之前的 2-5-1 進行來說，再加上降 2 代 5 的使用，就可以變成 2-♭2-1 的進行，他們也可以 2-♭2 或是 ♭2-1 的部分形式存在。

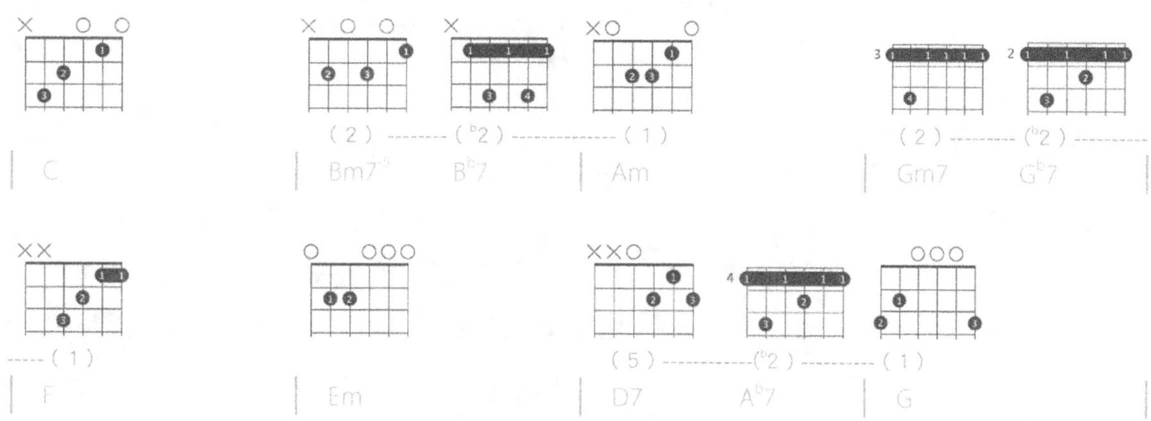

前面的曲目中，使用了此手法的大概就屬《範例六 Evergreen–Chorus》了，不過它的 ♭III 並不是以七和絃的形式出現，因此暫時替代屬和絃的功能較為薄弱。

延伸及變化屬和絃

因為屬和絃在和絃進行的功能上，擁有不穩定需要解決的感覺，因此得以做出更多的變化，除了七和絃和延伸的九和絃、十一和絃、十三和絃外，變化屬和絃則是經常在 5 音和 9 音上做出升降半音的變化。

屬九和絃包含了大調的屬大九和絃和小調的屬小九和絃。一般來說，屬小九比屬大九要來的好用多了，它可以解決進行到大調或小調的主和絃，但是屬大九則不太適合解決到小調主和絃上。

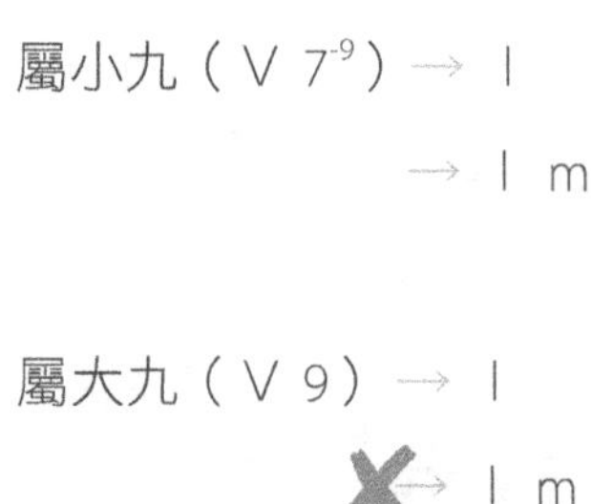

這個特點和調式互換的手法有關，也跟屬小九去掉根音會變成減七和絃有關，如果再結合到 2-5-1 進行的第二屬和絃中，那就會讓歌曲有特別的味道出現。我們可以在《範例七 Everything》中看到非常多這樣的使用。尤其常用在第 II 級的屬和絃上：

III m → VI 7^{-9} → II m

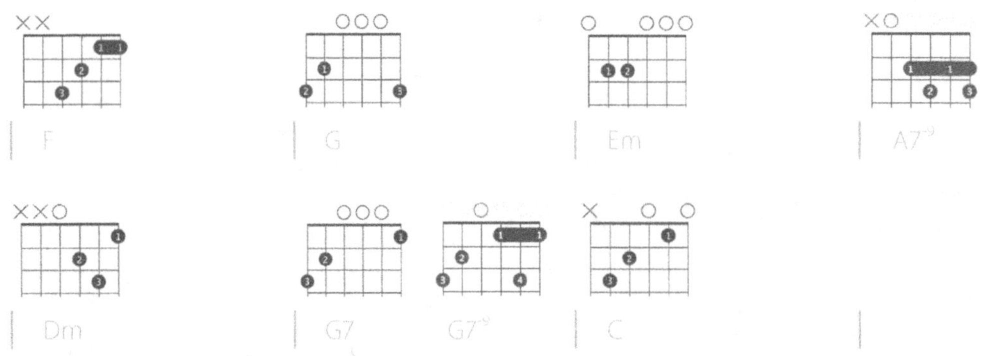

而變化 5 音的屬和絃也會表示為 $^{b}13$ 音的形態（也就是 $^{\#}5$ ），$^{b}5$ 音也會以 $^{\#}11$ 的形態出現。《範例七 Everything》中也有用到類似的和絃結構，大家可以多加體會與嘗試。

含有 $^{\#}9$ 音的屬和絃較少出現在流行音樂中，不過在一些含有爵士元素的流行音樂中則較容易看到。

轉調

一首歌曲是否需要在中間進行轉調，可以考量的點很多，包括人聲的音域，製造明顯段落，或是增加歌曲張力、情緒氛圍轉變等等，當然也不一定轉調就會比較好或利害。

轉調可以分為近調轉調或是遠調轉調。轉入彼此只差 1 個升降記號以內的調，叫做近調轉調；2 個以上的叫做遠調轉調。

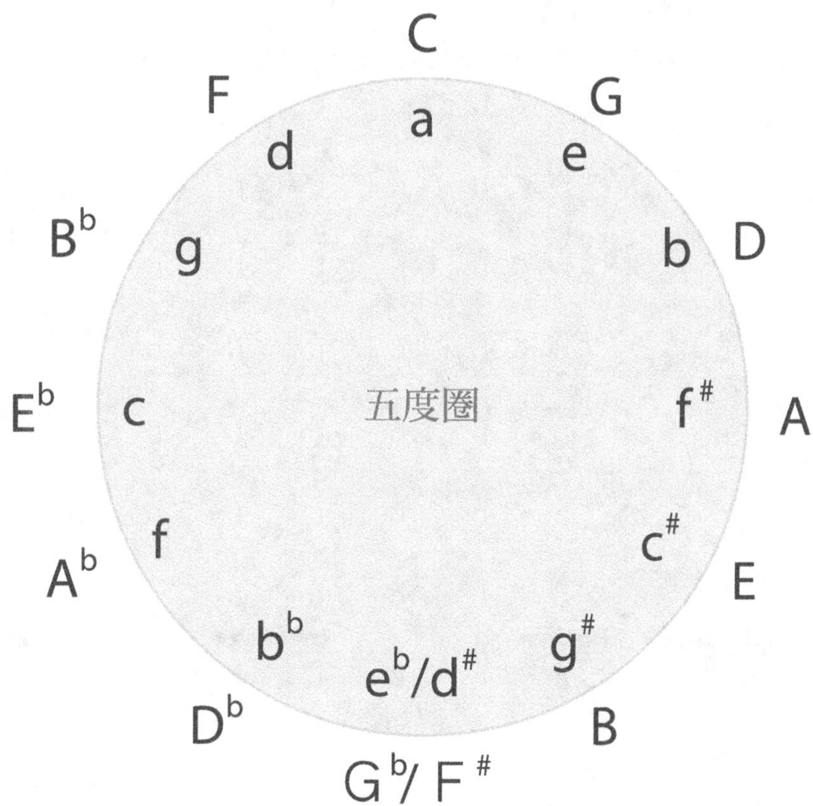

用五度圈則可以清楚地表示，以 C 調為中心時，轉入旁邊的 5 個調（G 大調、F 大調、A 小調、E 小調、D 小調）就是近調轉調。

轉調的方式：

1. **共同和絃**：通常會透過兩調的共同和絃作為關鍵和絃來銜接轉調，共同和絃的數量可以不止一個，進入新調後通常會接上新調的屬和絃，再進行到新調的主和絃（共同關鍵和絃→Ⅴ→Ⅰ）完成轉調。此種方式通常也可以透過原調調式互換後取得的和絃來當作下一個調的共同和絃進行銜接，或是原調調內和絃和新調調式互換後的共同和絃，或是新舊兩調調式互換的共同和絃。另外也有使用等音異名的共同和絃轉調方式，像是透過減七和絃的特性或是原調屬七和絃等於新調變化和絃（增六和絃）的特性。

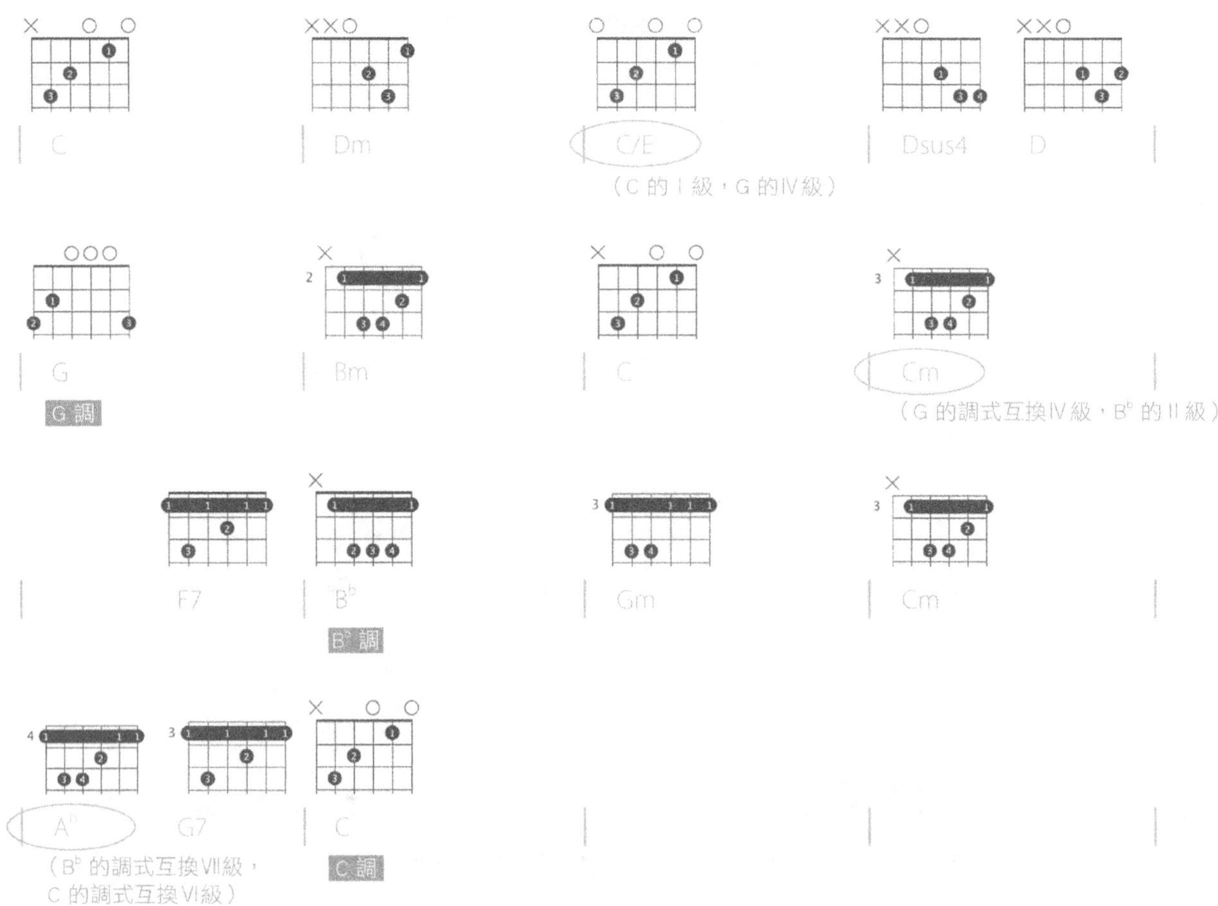

前方曲目依此方式轉調的有：

《範例二 記念》、《範例三 She》、《範例四 I Just Can' t Stop Loving you》、《範例五 Say Yes》、《範例七 Everything》

2. 直接轉調：這種方式通常效果比較好的是大調轉到下方完全五度的小調，或小調轉到上方完全五度的大調。如果把小調用關係大調來看，就等於是大調與自己相差大三度的大調互轉效果不錯。

前方依此方式轉調的有：《範例三 She》

3. 減七和絃：還有一種是透過組成音變化半音的方式（將其中一個音下行半音，以及將其中三個音上行半音），讓他們進入新調的屬七和絃後進行轉調。

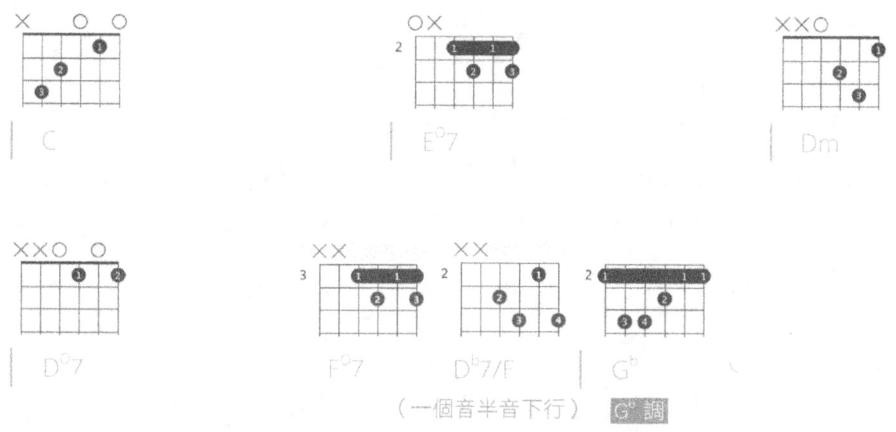

通常流行音樂中常見的轉調手法是以共同和絃和直接轉調的方式為主。不管何種方式，最重要的是轉調時聽起來要越順越好，不要有好像走調的感覺，也因此轉調時也會使用轉位和絃讓轉調更順暢。而通常**主旋律在轉調時的表現也會影響轉調的流暢度**，有時單聽轉調的和絃進行會覺得怪，但是加入了主旋律可能就會覺得順暢了。

半音趨近變化

和絃進行中，某聲部以連續半音上行或下行進入到某個目標和絃的手法，聽覺上會讓人有種一點一點氛圍正在變化的感覺。一般來説這類半音趨近可以分為兩種形態。

1. 同一和絃內

如果半音變化時是在同一個和絃內，只有一個聲部的變動，其他都不動，稱作 Line Cliches。前方曲目中有這樣的使用手法：

《範例六 Evergreen–Verse 1, Verse 3》

另外，流行音樂中經典曲包括 Bread 的「If」、Sixpence None The Richer 的「Kiss me」、張震嶽的「愛我別走」、陶喆的「今天你要嫁給我」等等，都是在前奏一開始就出現。

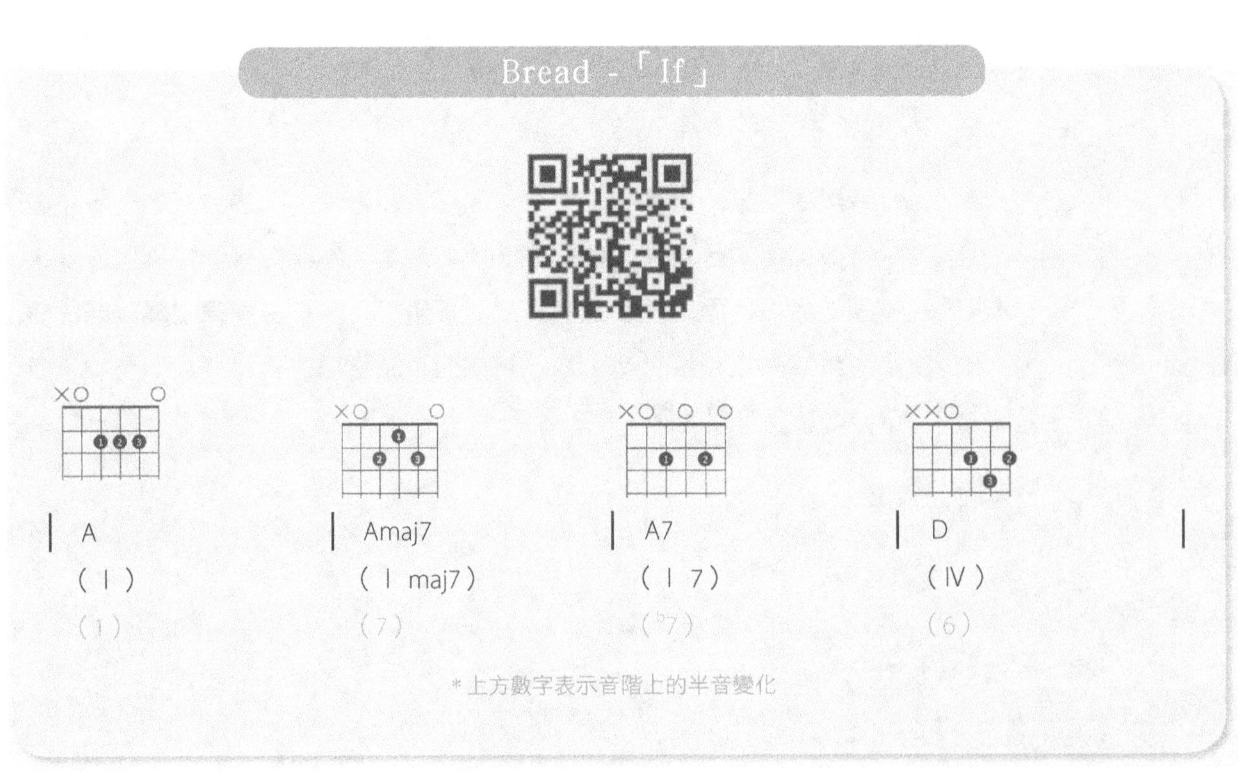

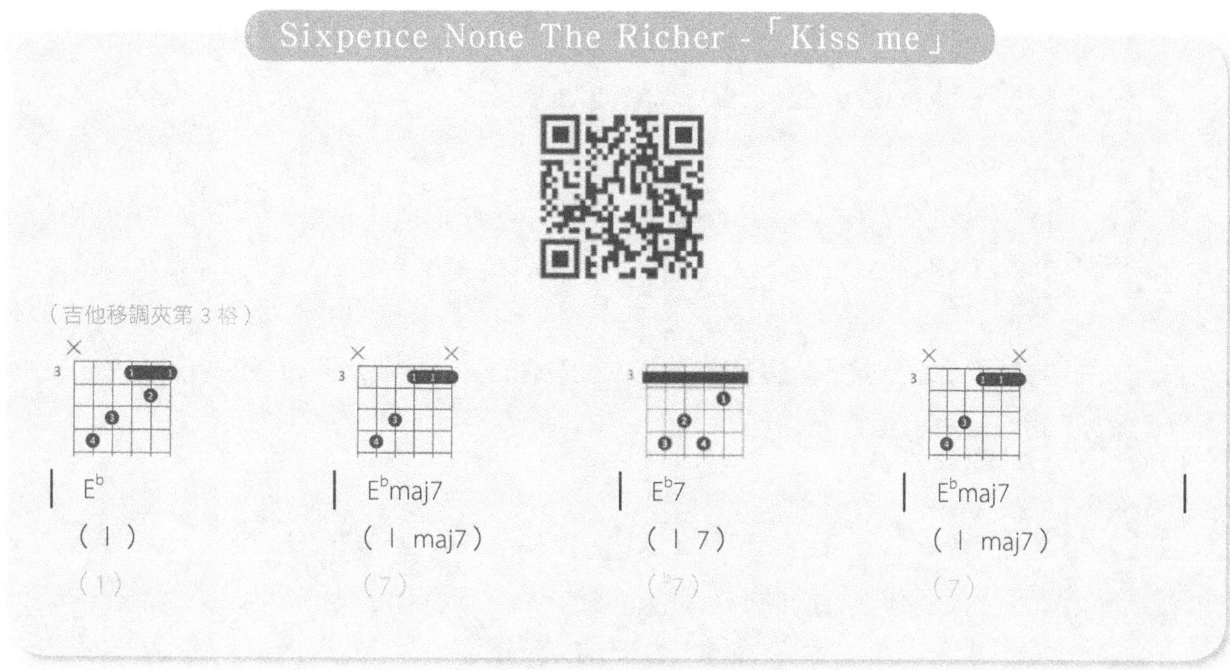

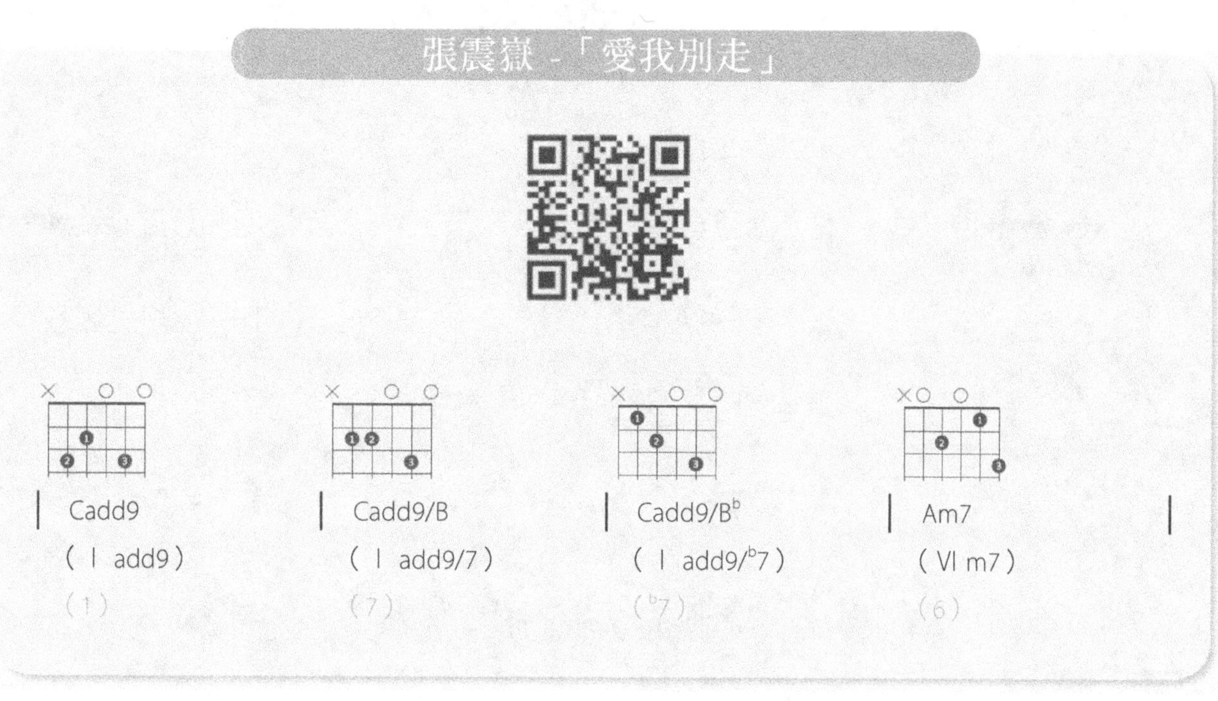

2. 不同和絃進行

不同和絃進行的半音趨近通常發生在低音部，讓這樣的半音趨近串連起一些非調內和絃、轉位和絃、混合和絃或是減七和絃，因此也會有調式互換等等的手法融合在裡面。

前方曲目中有這樣的手法出現：

《範例五 Say Yes–Verse 2, Chorus》、《範例六 Evergreen– Chorus, Verse 4》、《範例七 Everything》

另外像是韋禮安的「還是會」中間和副歌的部分就使用了這樣的手法，Bread 的「If」副歌部分也是。

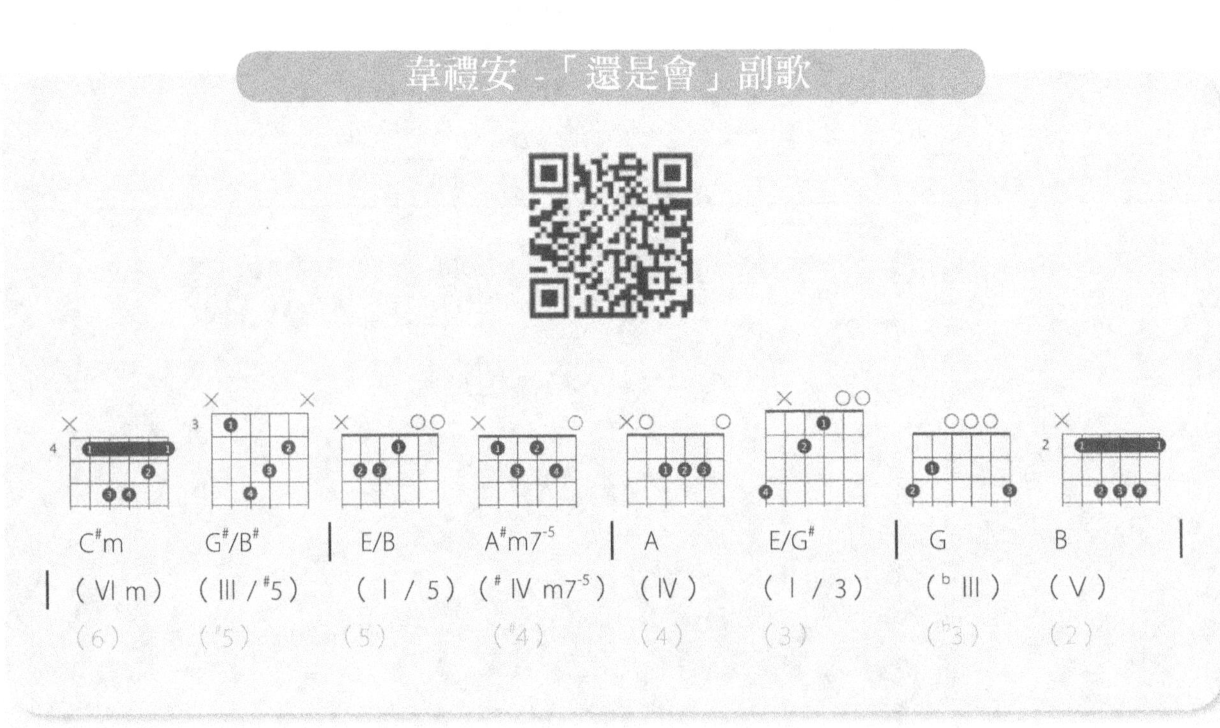

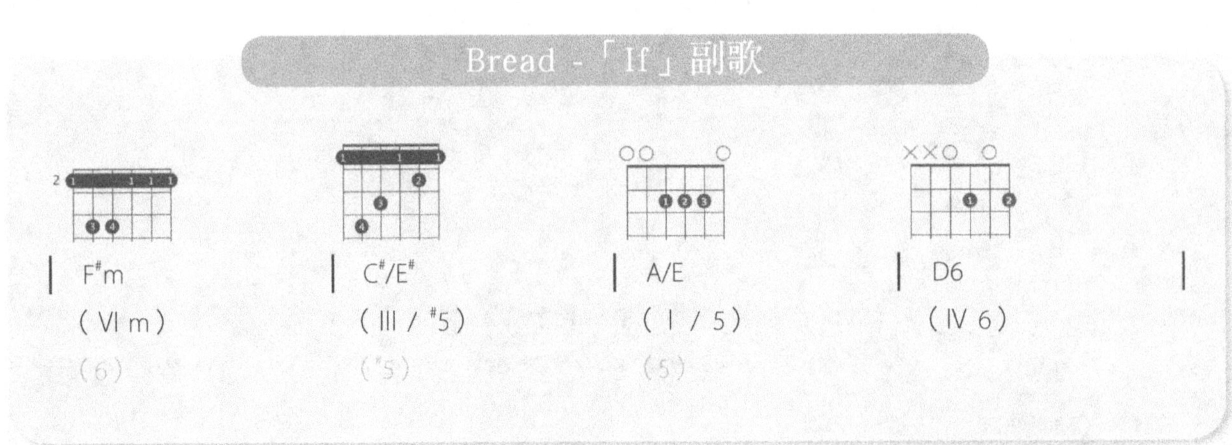

而同和絃進行也會和不同和絃的連在一起使用，讓半音趨近變化拉長到更遠的和絃，「愛我別走」、「If」或是陶喆的「今天你要嫁給我」的整個前奏都是這樣的方式。

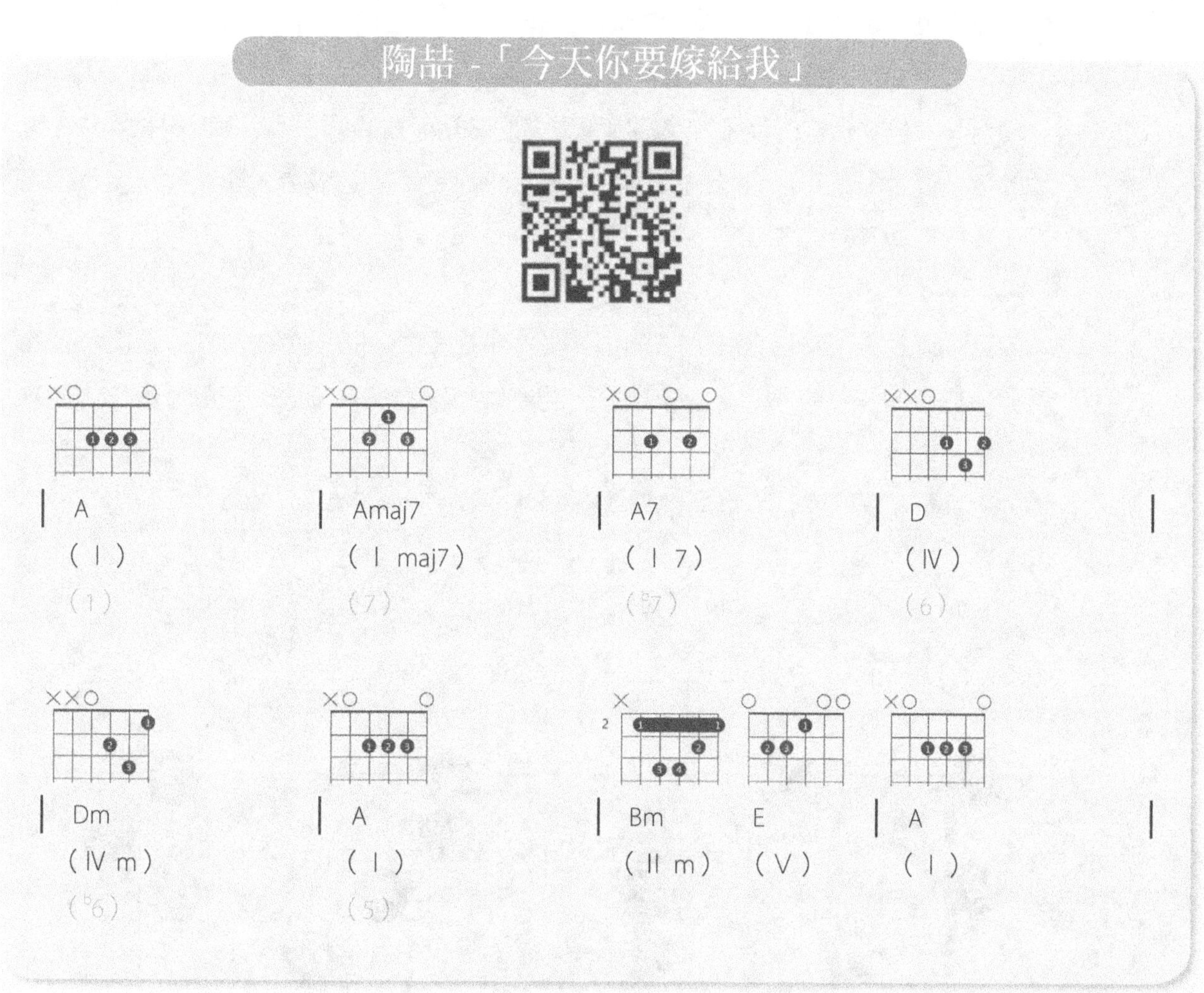

一般而言，這種手法較常使用在 I 級、VI級、IV級、II級、III級開始的和絃上，大家可以多加嘗試，當然還是得以聽起來的感覺為主，也不用太過侷限。像《範例五 Say Yes》的半音變化就不是從上面這些和絃開始。

除此之外，也有較短暫的半音趨近手法，會有一種過門和絃或只是經過音的味道。前方曲目中也都有許多地方有使用這種經過音的方式。

和聲配置

一般使用和絃時，經常考量的部分是組成音的架構，音程之間所形成出來的氛圍和感覺，這是屬於比較垂直性的思考；而當我們把思考方向增加了水平方向的部分時，像是前後和絃進行時，彼此和絃組成音之間的變動，讓它們更順暢，設計出一些旋律性時，這就是一種和聲配置的思考。

考量到和絃進行中，和絃組成音水平方向的變化而對和絃作出變動，分割和絃（轉位和絃、混合和絃）、半音趨近、持續音等等的使用就會增加，連帶著延伸和絃或變化和絃也就容易經常出現。

以吉他來說，由於吉他在和絃的彈奏上多半受限於手指把位的問題，因此考量的常是組成音的位置；我們必須多加練習同一個和絃的不同按法，瞭解每個按法在各弦上的組成音分別是哪些以及它們的轉位，這樣更容易在和絃進行時去思考如何在吉他上進行和聲配置，也可以讓彈奏出來的音樂更順暢好聽。

比如以 C 和絃來說，吉他上的按法可以有 5 種：

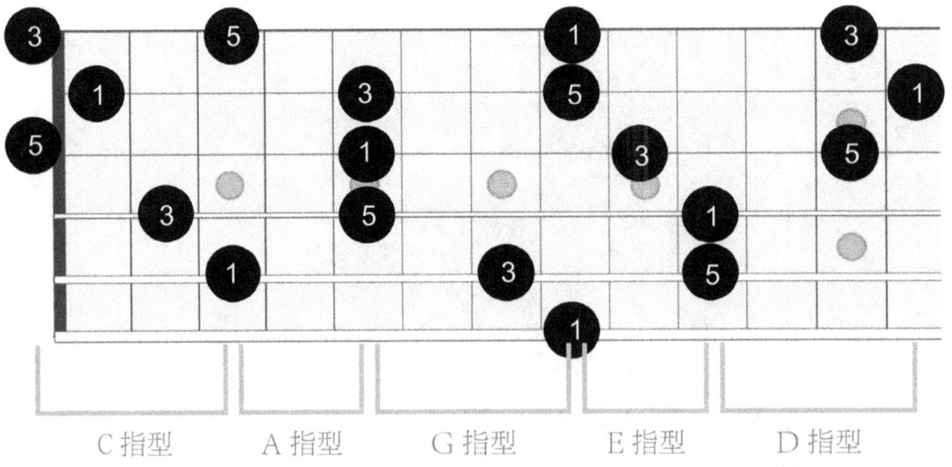

而根音的位置就是 1 ，三音就是 3 ，五音就是 5 。我們必須知道不同按法時，根音三音五音分別在所按的哪根弦上，也得知道它們在某調內屬於音階上哪個音，最好連它們在固定調上的絕對音名都要知道，這樣不論要找尋延伸音、變化音，或是在和絃進行上做和聲配置時都會比較方便；而這個換成轉位和絃時也是如此。這樣一來在吉他上面換和絃時，按法上將更加靈活與多變，聽覺上也會更有所不同。

關於更多這類的吉他指板知識，可以參考筆者的另一本著作「吉他指板超解密手冊」，除了說明以外，也提供了許多熟悉與練習指板音符及音階的方法。

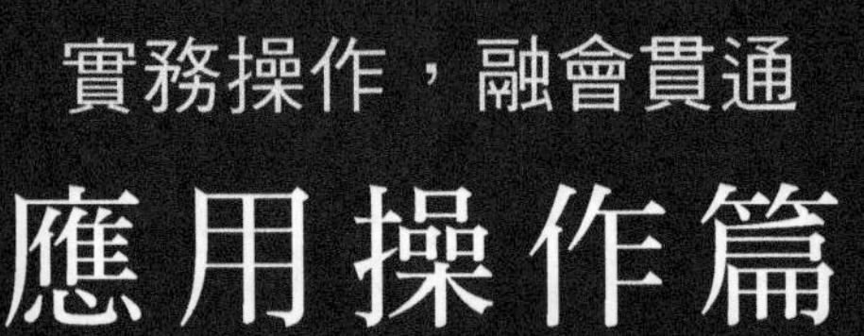

實務操作，融會貫通

應用操作篇

從前面的範例與整合分析後，相信大家應該都了解這些和聲手法了，那接下來就跟著筆者開始進行應用練習，讓自己習慣且自然的使用出這些工具吧！

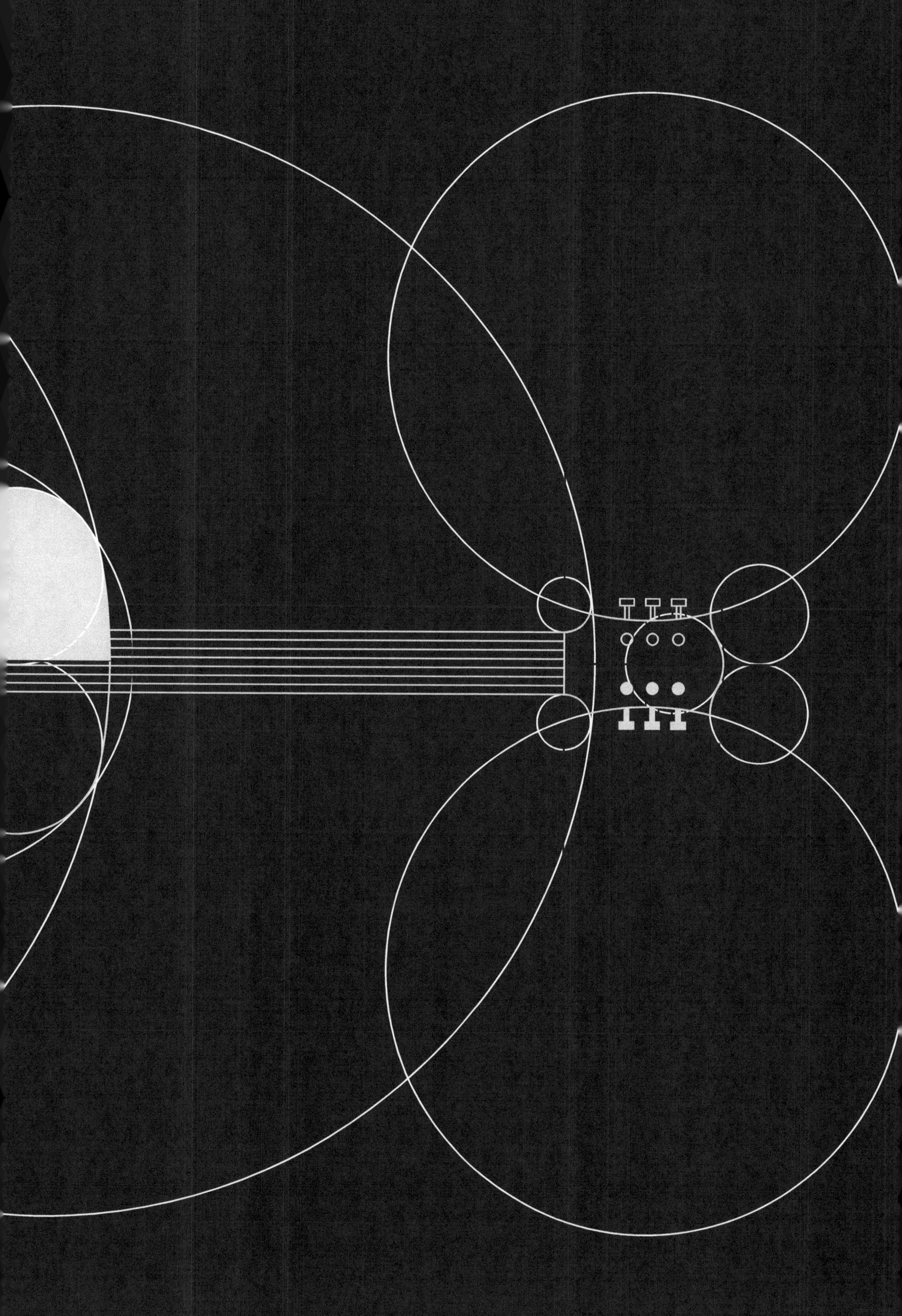

和絃改編歌曲

範例 1.

歡樂年華

原始和絃進行

相當經典的一首簡易四和絃歌曲，和絃進行循環如下：

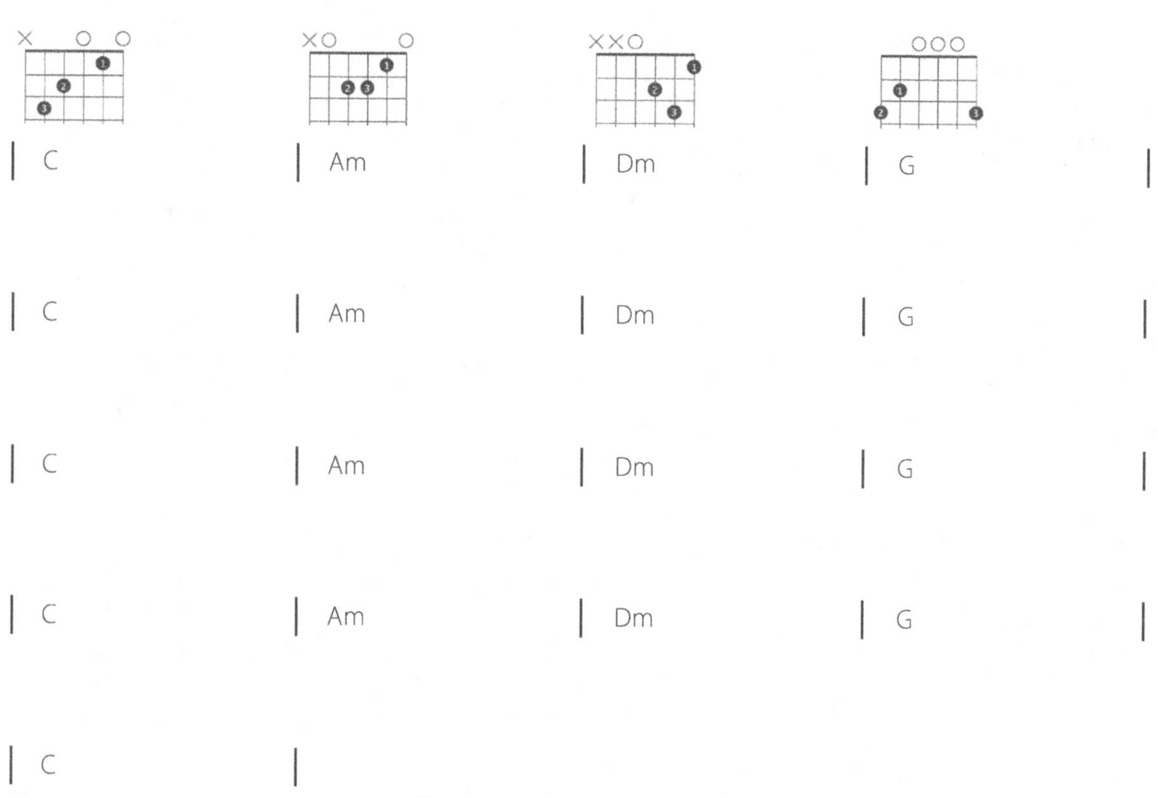

和絃改寫

以和絃級數來看，這就是不斷的Ⅰ級、Ⅵ級、Ⅱ級、Ⅴ級循環。首先如果我們用轉位和絃的話可以變成：

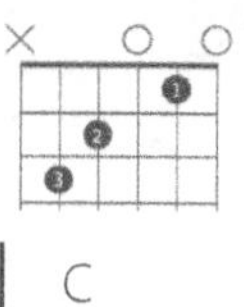 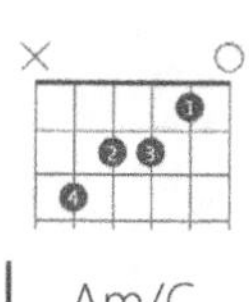 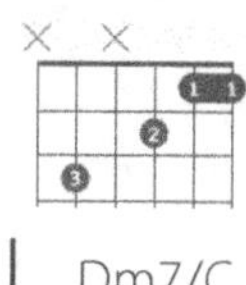 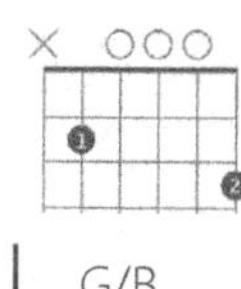

| C | Am/C | Dm7/C | G/B |

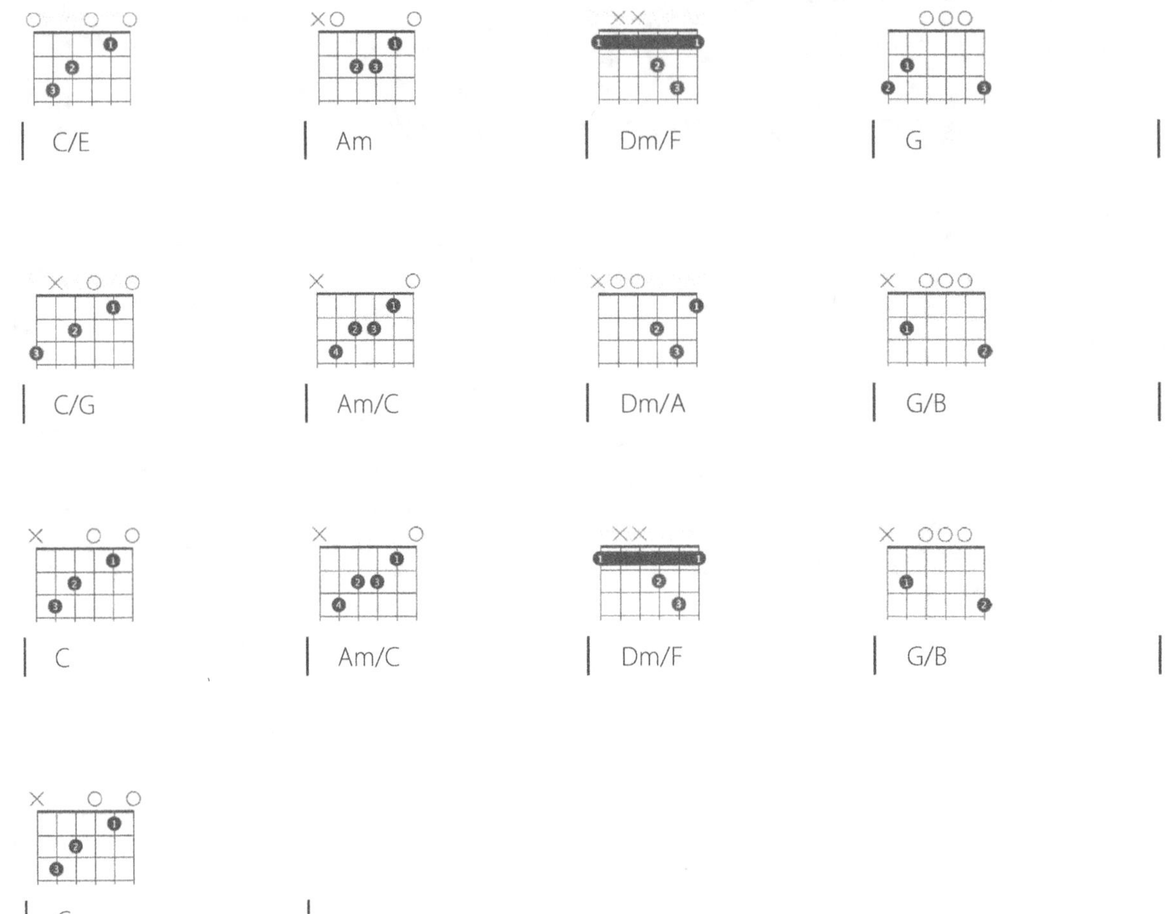

把許多和絃都換成轉位形態，是不是聽起來就不一樣了呢？

筆者在這裡使用的轉位和絃，有針對低音部的行進做點設計，讓低音部的水平線條聽起來比較有旋律性，我們可以只彈奏低音部來感受看看。

接下來看看是不是可以使用調式互換的手法來變更和絃呢？

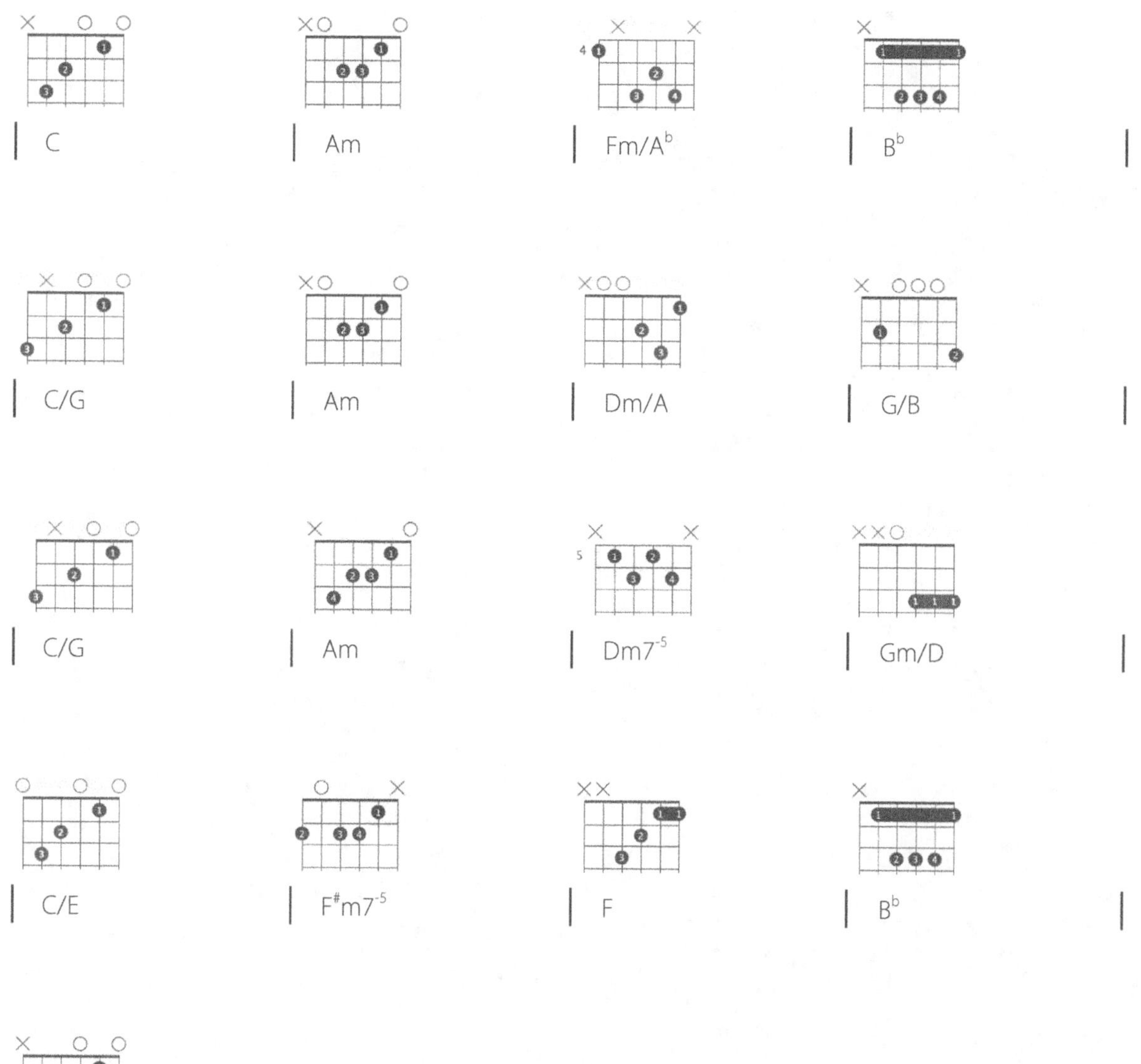

結合調式互換的和絃後，是不是又有更多不同味道呢？

當然要注意的是，換成調式互換的和絃後，前後和絃也要再重新考量低音部的水平行進是否順暢，覺得不夠順的地方再做轉位或使用其它和絃來做調整；而調式互換後的和絃因為組成音不同了，要聽聽看跟主旋律有沒有不適合或是打架（也就是聽起來怪，不和諧）的問題。這邊 $Dm7^{-5}$ 的組成音和旋律 6 音有打架，不過只要用伴奏方式在拍子上避開就可以了。

再來，試試加入減七和絃，並將上面的進行做些拍位調整看看：

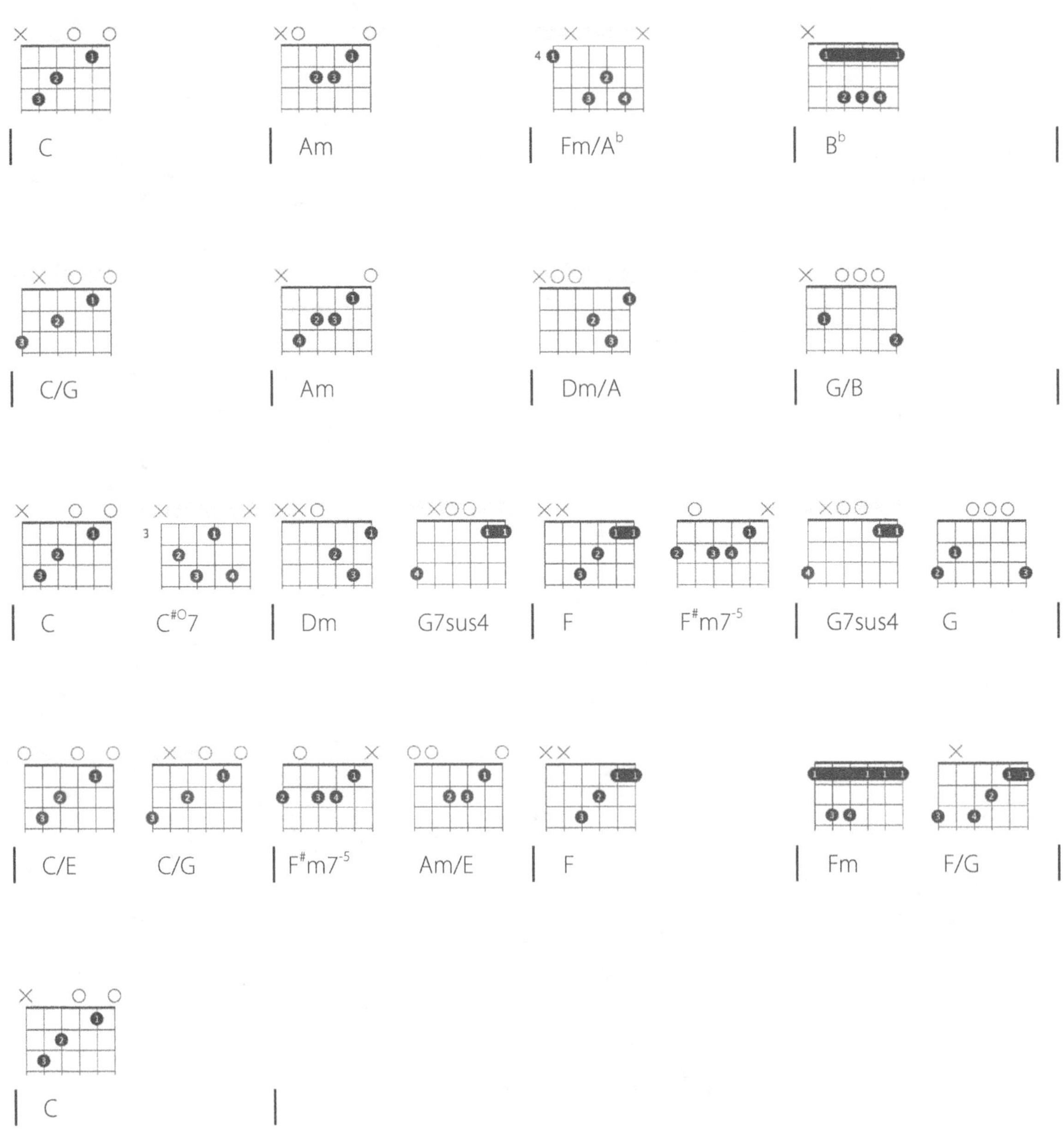

筆者在這裡運用了減七和絃的半音趨近過門手法讓副歌的和聲節奏啟動加速，雖然只用了一個，但已經讓主副歌開始有了更明顯的區別；而前面倒數第二個和絃筆者用了一個混合和絃 F/G，讓我們看看還可以在哪裡加上混合和絃。

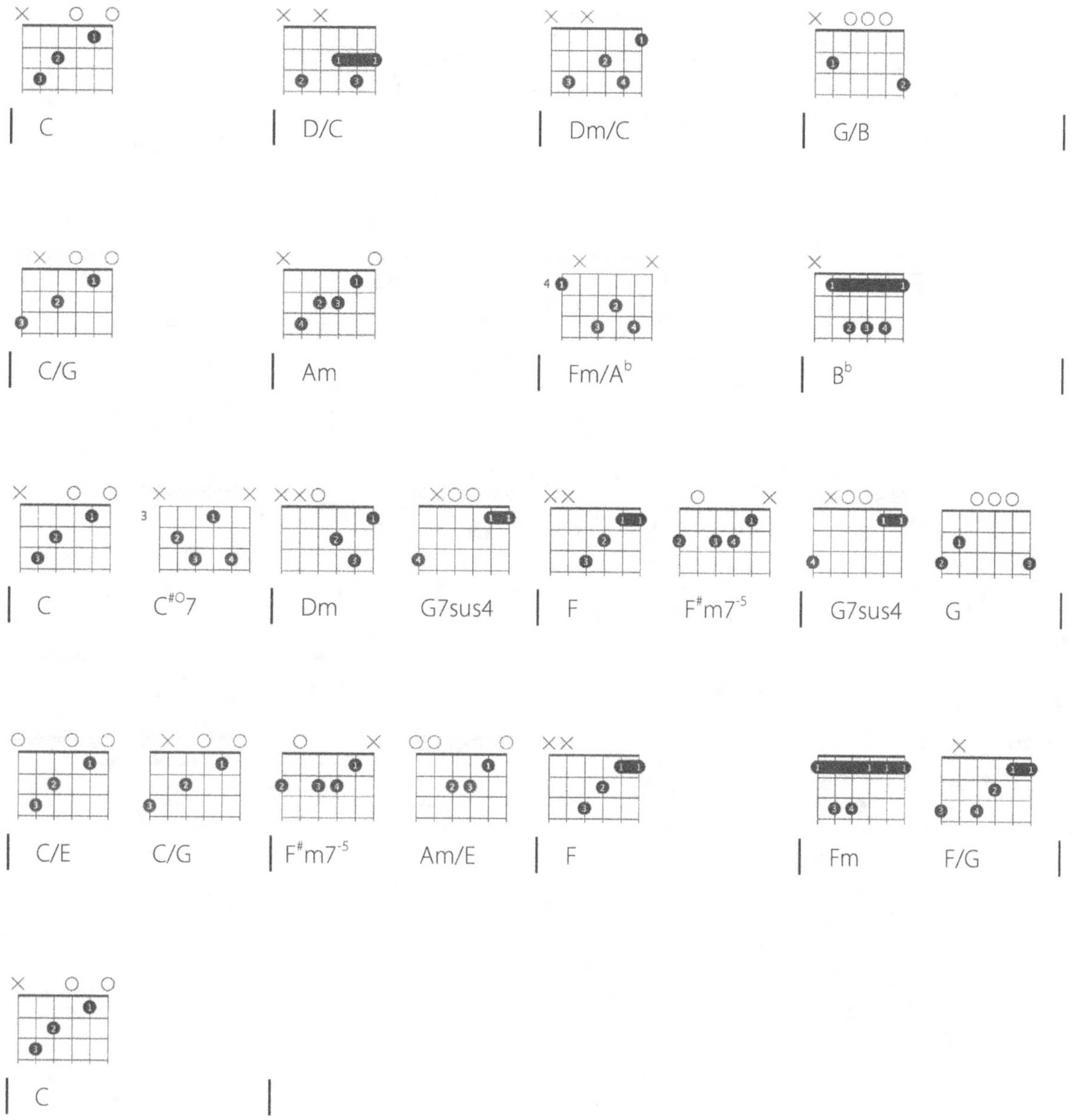

| C | D/C | Dm/C | G/B |

| C/G | Am | Fm/A^{b} | B^{b} |

| C C$^{\#o}$7 | Dm G7sus4 | F F$^{\#}$m7^{-5} | G7sus4 G |

| C/E C/G | F$^{\#}$m7^{-5} Am/E | F | Fm F/G |

| C |

操作篇

筆者先在第 2 小節的地方改成了 Lydian 調式互換的混合和絃，後面為了水平方向順暢度考量也把和絃改成了其他轉位和絃，再把覺得很順也好聽的原本第一行後面的兩個和絃換到了第二行去作保留，副歌都沒有更動。

再來，你有發現到一個地方可以讓我們用一個特別的手法嗎？

沒錯，就是第一行的地方，這裡有可以使用持續音的軌跡了噢！我們就試試用持續音加入這些和絃進行中，看看會有何效果：

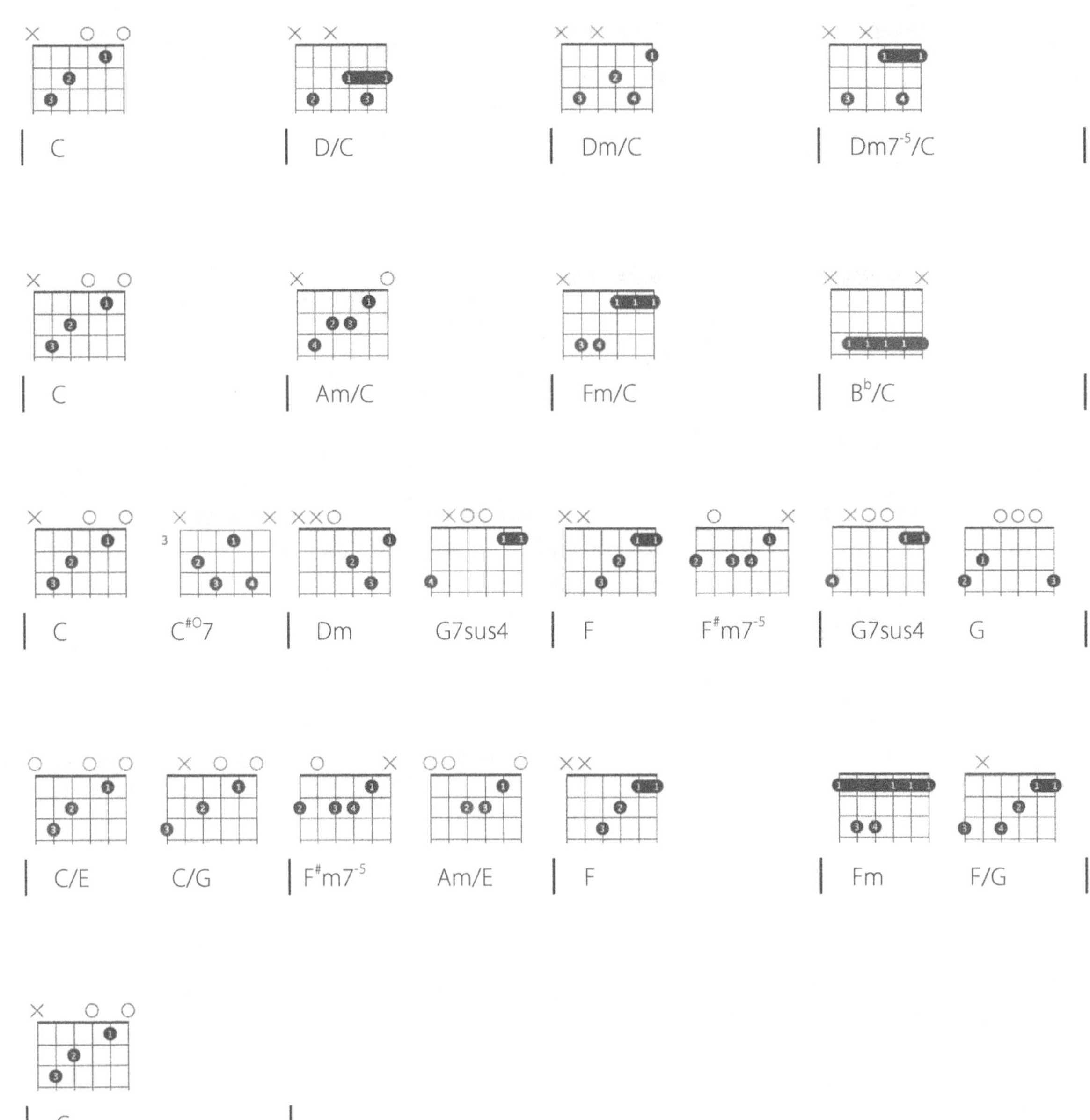

就這樣，筆者把整個主歌的部分都變成了主音持續音囉！也因為這樣的使用，又多了一個 Mixolydian 的混合和絃（B^b/C）出現囉！主歌部分的和聲節奏感覺也變得很慢，是不是蠻有趣的呢？

目前這樣看起來，已經改的差不多了，不太需要再加入其他手法，除非曲子夠長，有重覆或其他段落的話，我們就可以考慮再加用不同的手法。而這些修飾技巧也不需要全部使用在一首曲子中，我們必須考量歌曲所需要的味道和氛圍，再去使用適合的手法。那麼，你說上面這樣還有修改的空間嗎？當然是有囉。

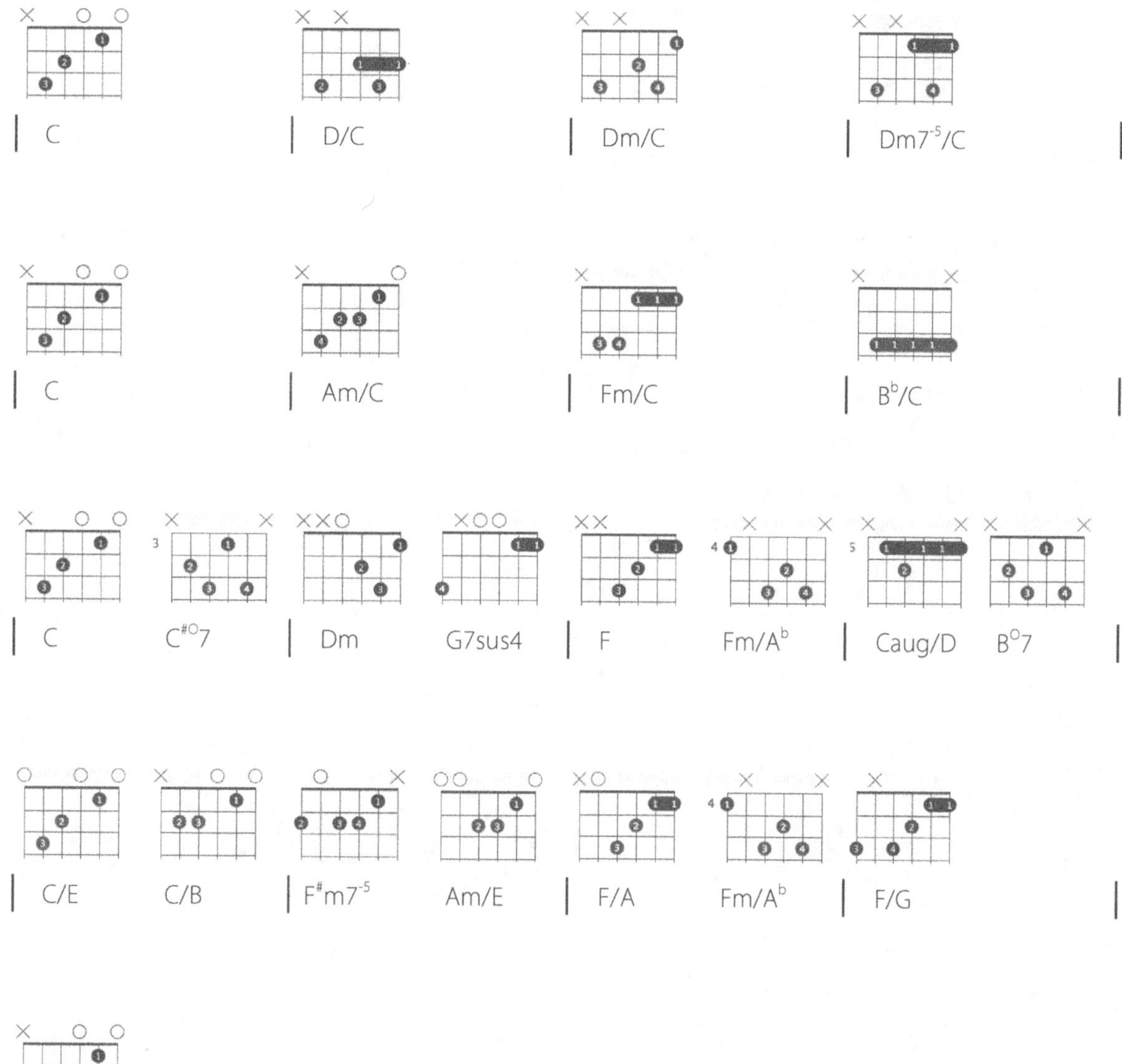

筆者繼續將副歌的地方做了些修改，多加了減七和絃，混合變化和絃以及轉位和絃的使用。光是這樣就可以把簡單的四和絃進行變成這樣了，大家也可以自行嘗試看看噢！

有些地方的和絃如果你直接照著規律的兩拍就換和絃，可能聽起來會不那麼順，不過如果把它往後或往前挪動個半拍，那可能就會變得很好聽；**這就是和聲節奏的影響。**

不同的拍位上，會給人不同強弱的感覺，聽覺上有強調或是配角過門的差別。因此如果和絃走到某個地方聽起來覺得不太順，但是設計上的和聲進行沒什麼問題，可以試試把聽起來不合的和聲位置在拍位上挪動一下。

基本上拍子在拍位上的強弱大致如下：

兩拍子：

| 強 弱 | 強 弱 | 強 弱 | 強 弱 |

三拍子：

| 強 弱 弱 | 強 弱 弱 | 強 弱 弱 | 強 弱 弱 |

四拍子：

| 強 弱 次強 弱 | 強 弱 次強 弱 | 強 弱 次強 弱 | 強 弱 次強 弱 |

當然也不是一定在這些拍位上就一定會在聽覺上造成加強，除此之外還有音量的大小，旋律的高低和長度，和聲本身的感覺等等，也經常把強音符放在弱拍位上，製造一些效果，而和聲節奏也因為換和絃的頻率不同而有快慢感，這些部分大家在創作或編曲時可以自行嘗試，或查閱較詳細的樂理書籍。

和絃改編歌曲
範例2.
叮叮噹
Chord

原始和絃進行

相當經典的一首聖誕歌曲，和絃進行循環如下：

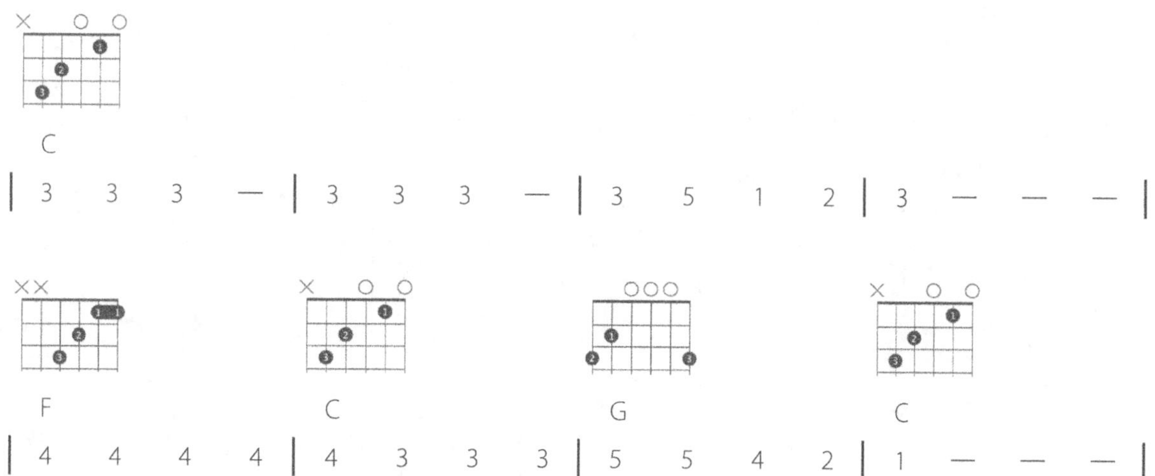

和絃改寫

這首和絃級數應該大家都可以看出了，在此不贅述。首先因為筆者覺得它的和絃比較少，所以先考慮看看用 2-5-1 的方式多增加些和絃：

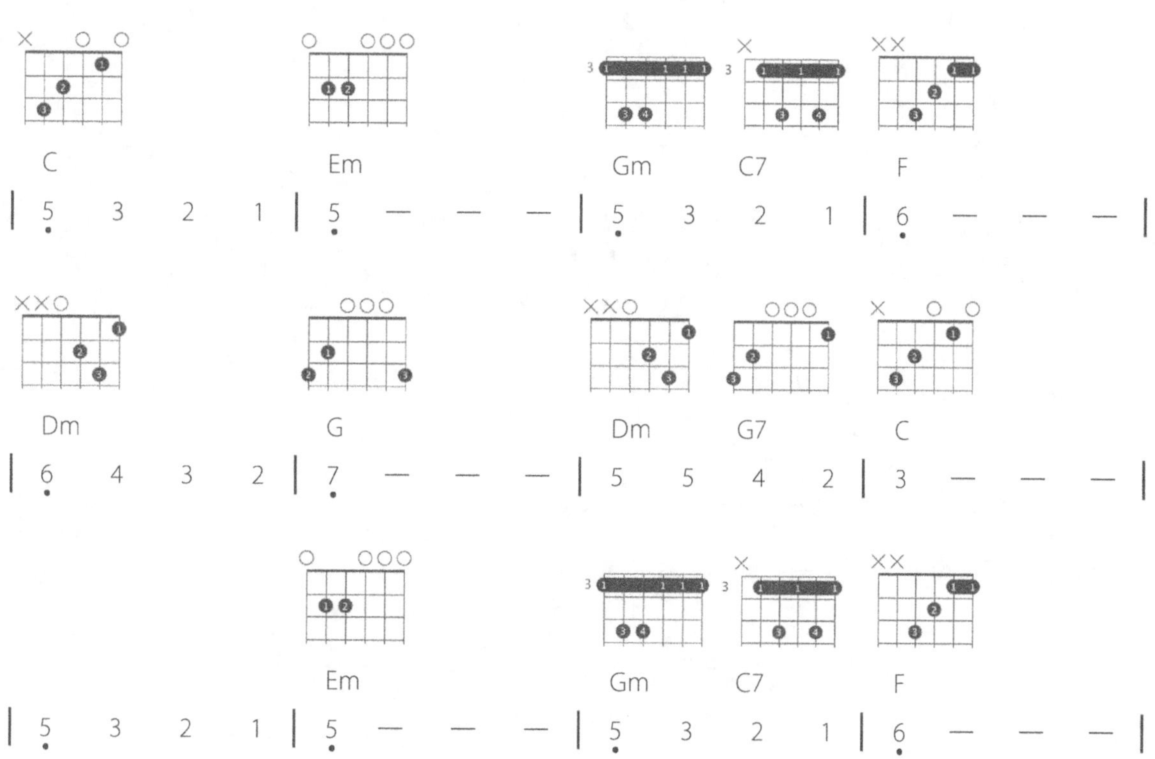

應用操作篇

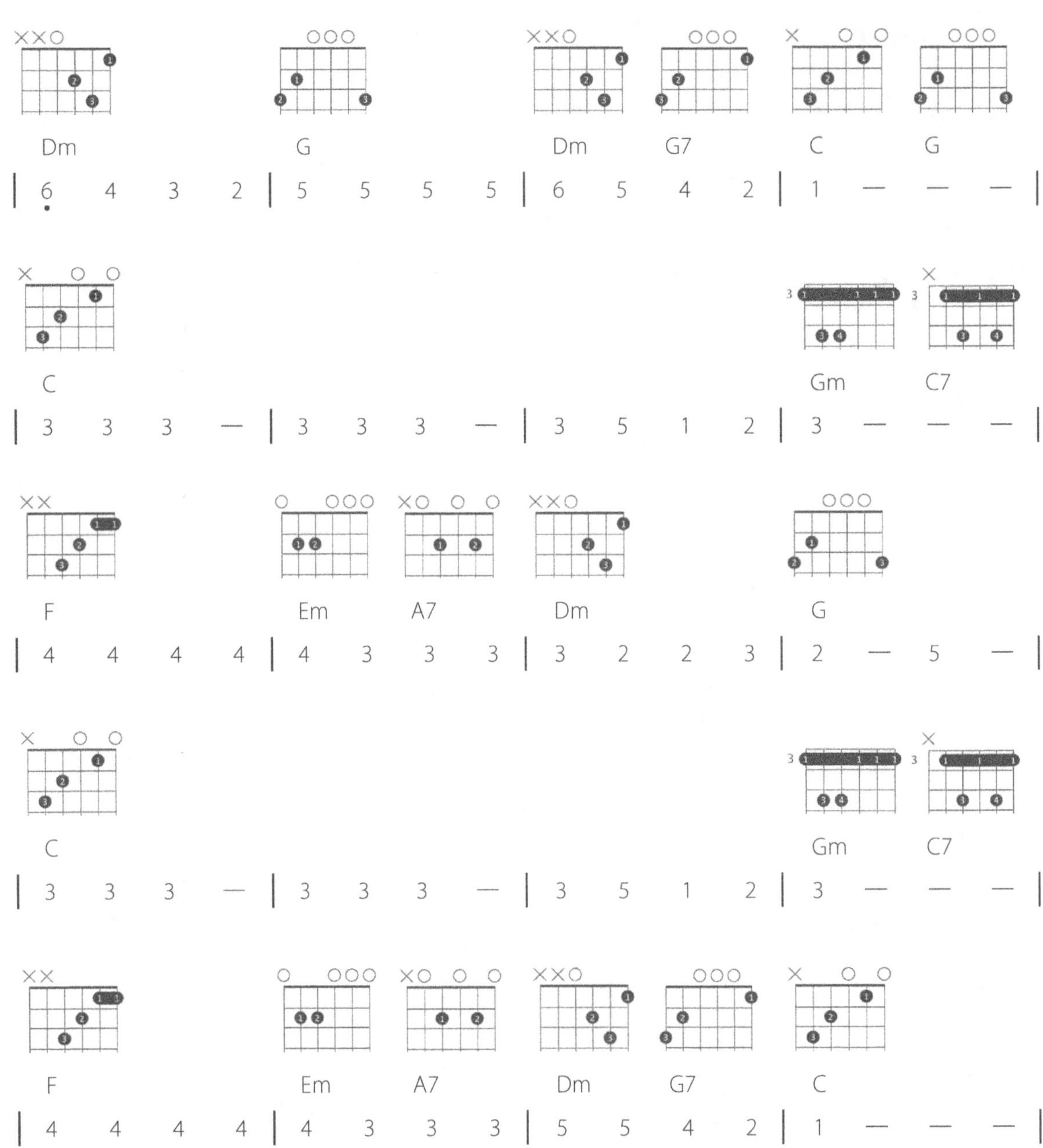

這樣子就多了不少和絃了吧。接下來副歌部分很長的 C 和絃在那邊，你有想到可以做什麼嗎？

我們來試試半音趨近的 Line Cliche。前面主歌部份也多補些過門和絃進去。

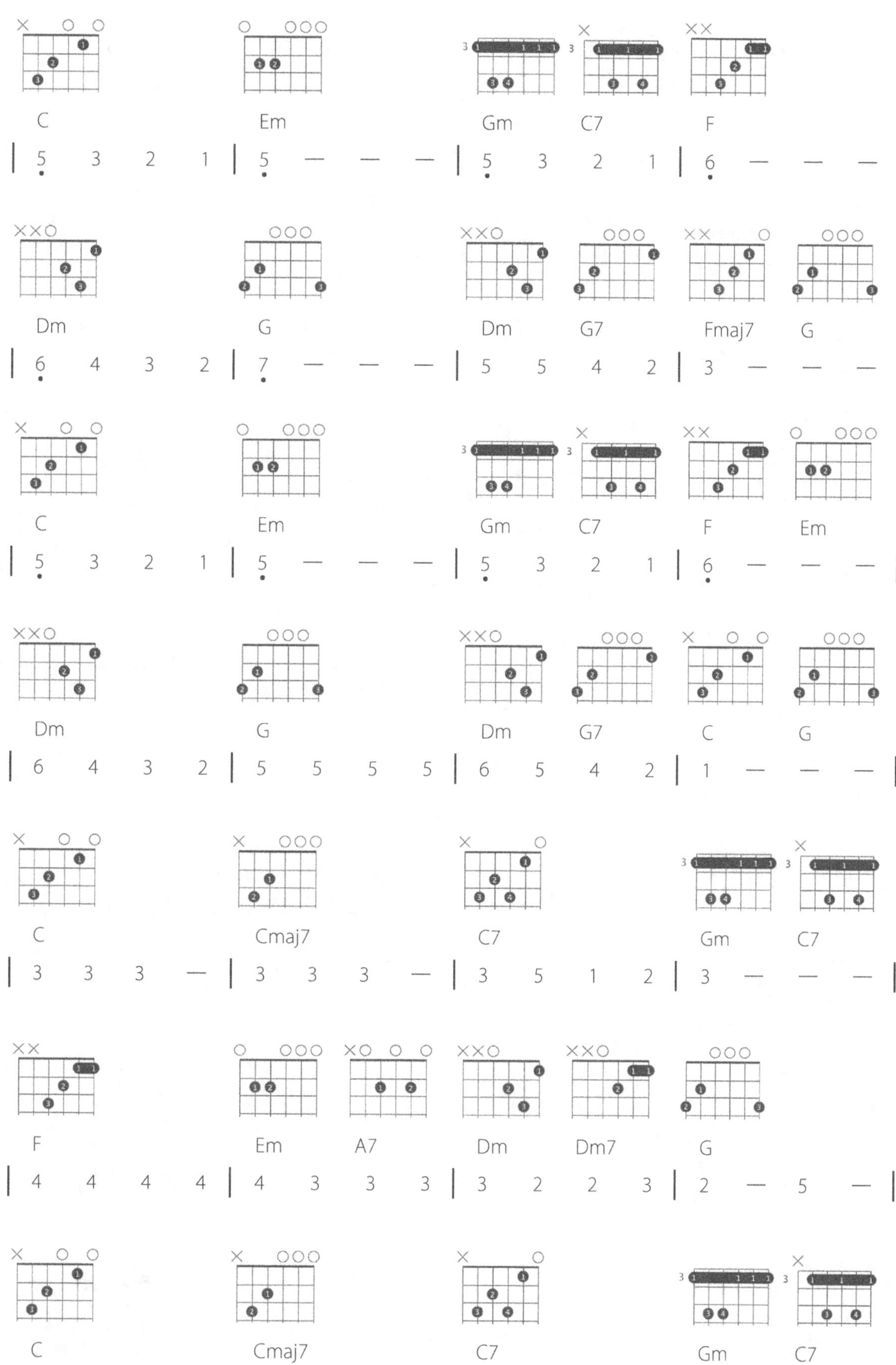
C Em Gm C7 F
| 5 3 2 1 | 5 — — — | 5 3 2 1 | 6 — — — |
Dm G Dm G7 Fmaj7 G
| 6 4 3 2 | 7 — — — | 5 5 4 2 | 3 — — — |
C Em Gm C7 F Em
| 5 3 2 1 | 5 — — — | 5 3 2 1 | 6 — — — |
Dm G Dm G7 C G
| 6 4 3 2 | 5 5 5 5 | 6 5 4 2 | 1 — — — |
C Cmaj7 C7 Gm C7
| 3 3 3 — | 3 3 3 — | 3 5 1 2 | 3 — — — |
F Em A7 Dm Dm7 G
| 4 4 4 4 | 4 3 3 3 | 3 2 2 3 | 2 — 5 — |
C Cmaj7 C7 Gm C7
| 3 3 3 — | 3 3 3 — | 3 5 1 2 | 3 — — — |

F　Em　A7　Dm　G7　C

| 4 4 4 4 | 4 3 3 3 | 5 5 4 2 | 1 — — — |

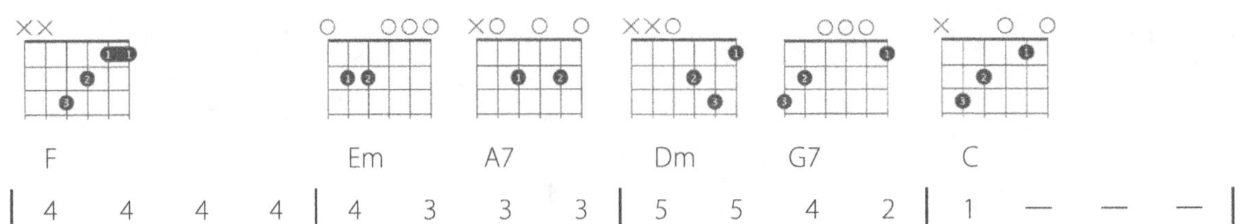

看來不錯嗎？

再來我們試試看調式互換如何？

C　E^{b}　C　$F^{\#}m7^{-5}$　F

| 5̣ 3 2 1 | 5̣ — — — | 5̣ 3 2 1 | 6̣ — — — |

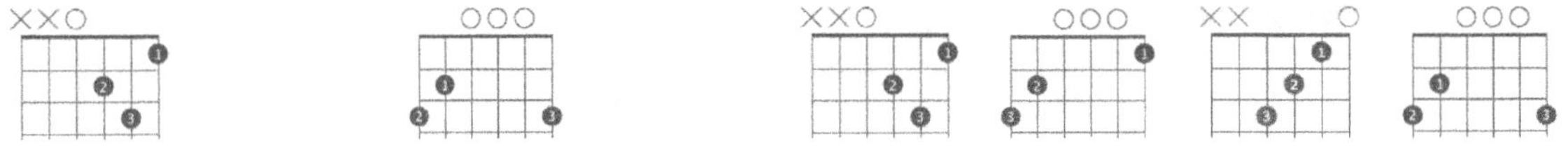

Dm　G　Dm　G7　Fmaj7　G

| 6̣ 4 3 2 | 7̣ — — — | 5 5 4 2 | 3 — — — |

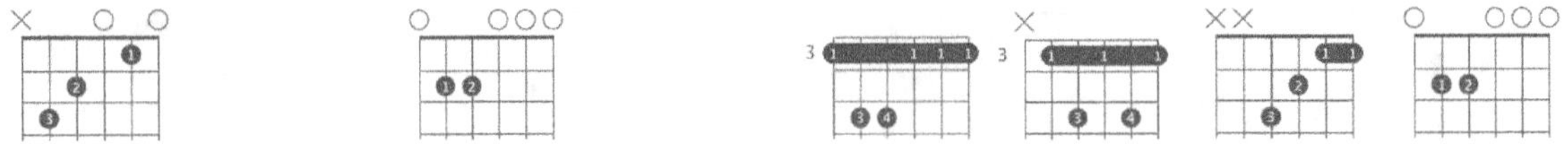

C　Em　Gm　C7　F　Em

| 5̣ 3 2 1 | 5̣ — — — | 5̣ 3 2 1 | 6̣ — — — |

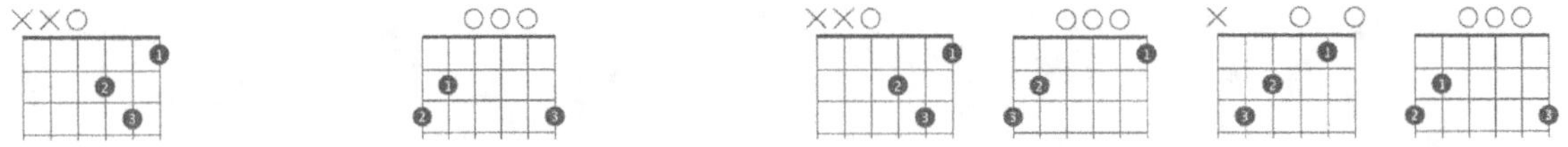

Dm　G　Dm　G7　C　G

| 6̣ 4 3 2 | 5 5 5 5 | 6 5 4 2 | 1 — — — |

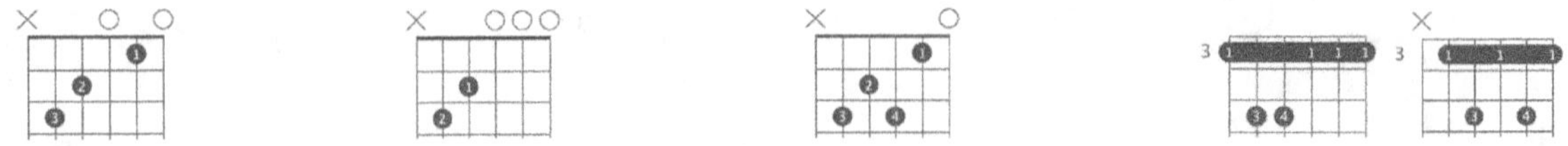

C　Cmaj7　C7　Gm　C7

| 3 3 3 — | 3 3 3 — | 3 5 1 2 | 3 — — — |

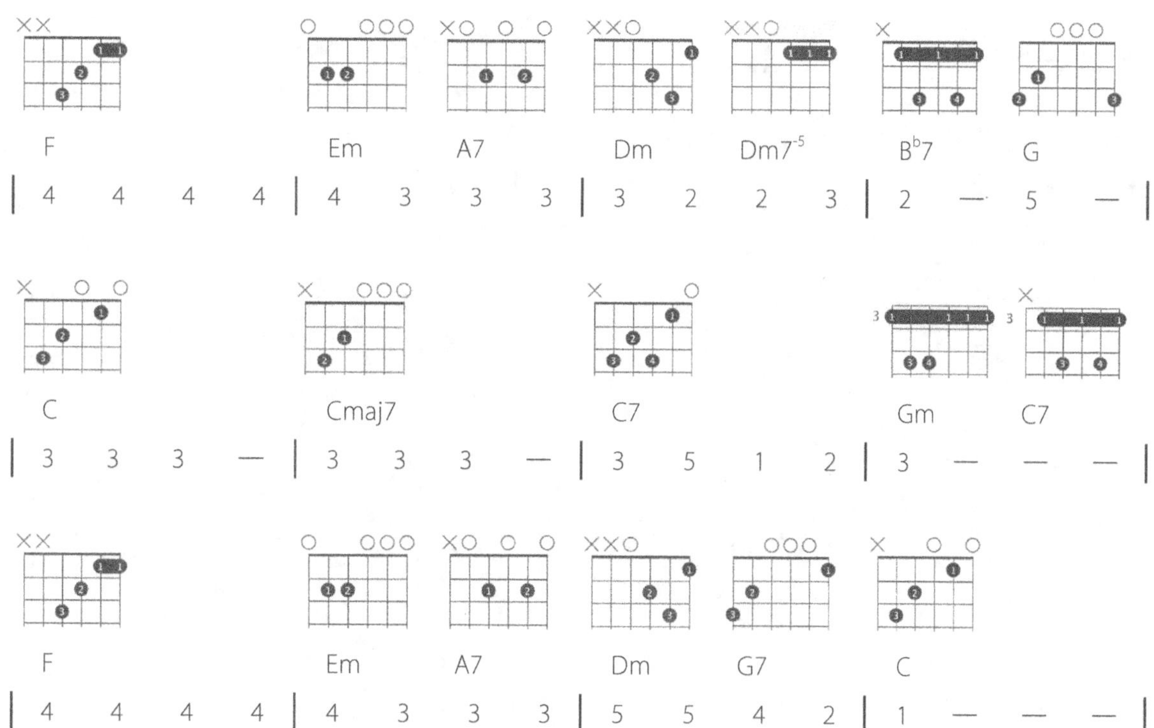

筆者這邊使用的調式互換並不多，主要是想維持一些架構看看，也許後面進行別的手法後，會有部分可以再進行調式互換的感覺出現。

再來假設我們要反覆第二次的話，是不是可以試試轉調了呢？要採用共同和絃轉調的話，通常會順便加上一段間奏，讓轉調時有足夠的空間可以進行。

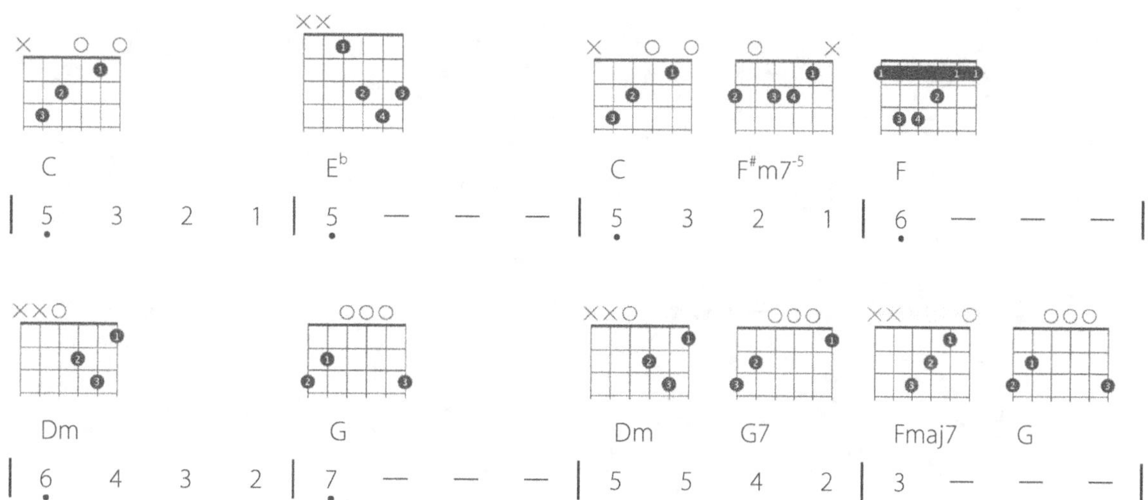

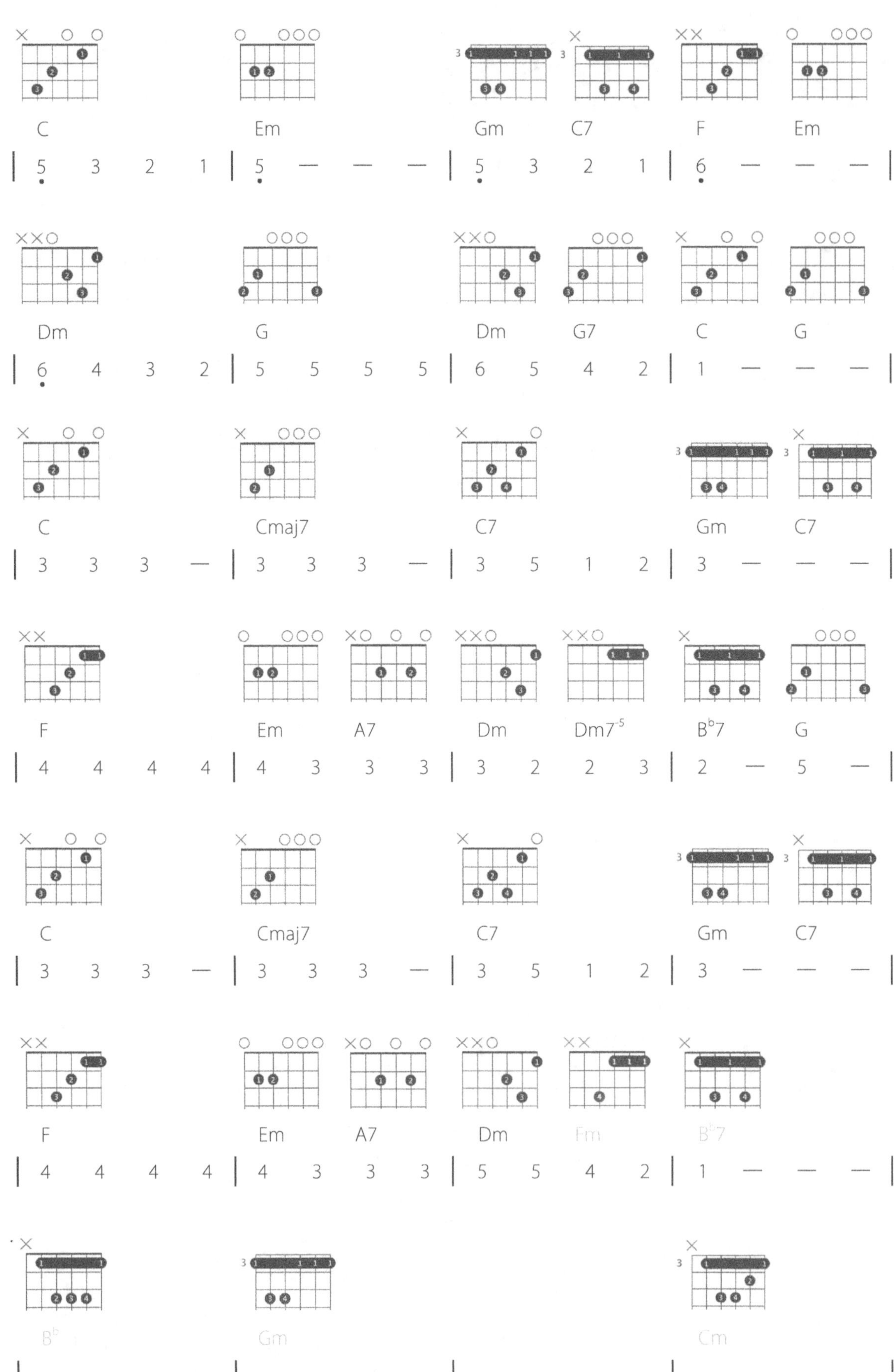
C Em Gm C7 F Em
| 5 3 2 1 | 5 — — — | 5 3 2 1 | 6 — — — |
Dm G Dm G7 C G
| 6 4 3 2 | 5 5 5 5 | 6 5 4 2 | 1 — — — |
C Cmaj7 C7 Gm C7
| 3 3 3 — | 3 3 3 — | 3 5 1 2 | 3 — — — |
F Em A7 Dm Dm7-5 B♭7 G
| 4 4 4 4 | 4 3 3 3 | 3 2 2 3 | 2 — 5 — |
C Cmaj7 C7 Gm C7
| 3 3 3 — | 3 3 3 — | 3 5 1 2 | 3 — — — |
F Em A7 Dm Fm B♭7
| 4 4 4 4 | 4 3 3 3 | 5 5 4 2 | 1 — — — |
B♭ Gm Cm

A♭m　　　　B♭m

| | | | |

E♭　　G♭　　E♭　Am7-5

| | 5 3 2 1 | 5 — — — | 5 3 2 1 |

這邊透過了調式互換上的共同和絃，轉到了 E♭ 調。接下來我們將和絃轉位讓進行更順些。

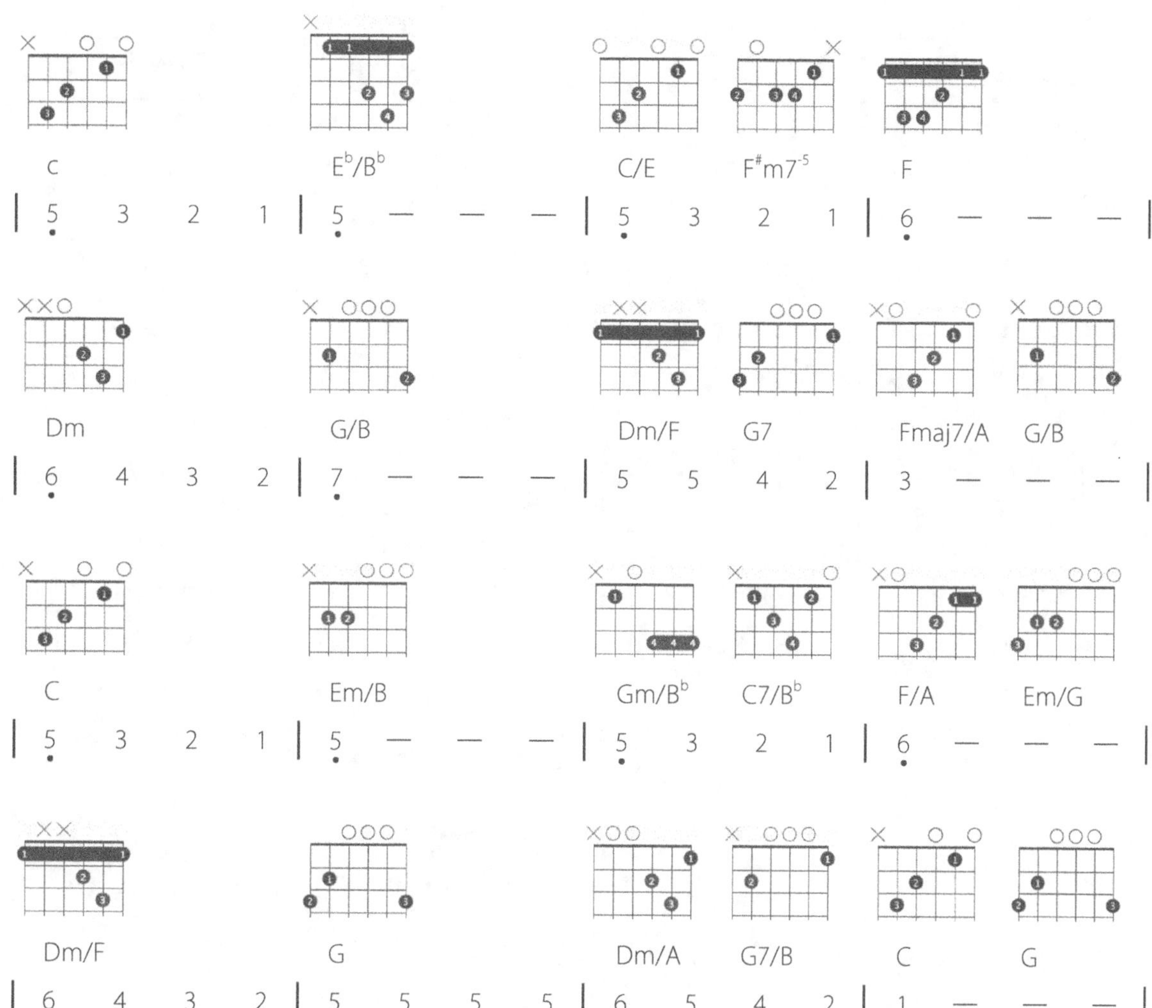

應用操作篇

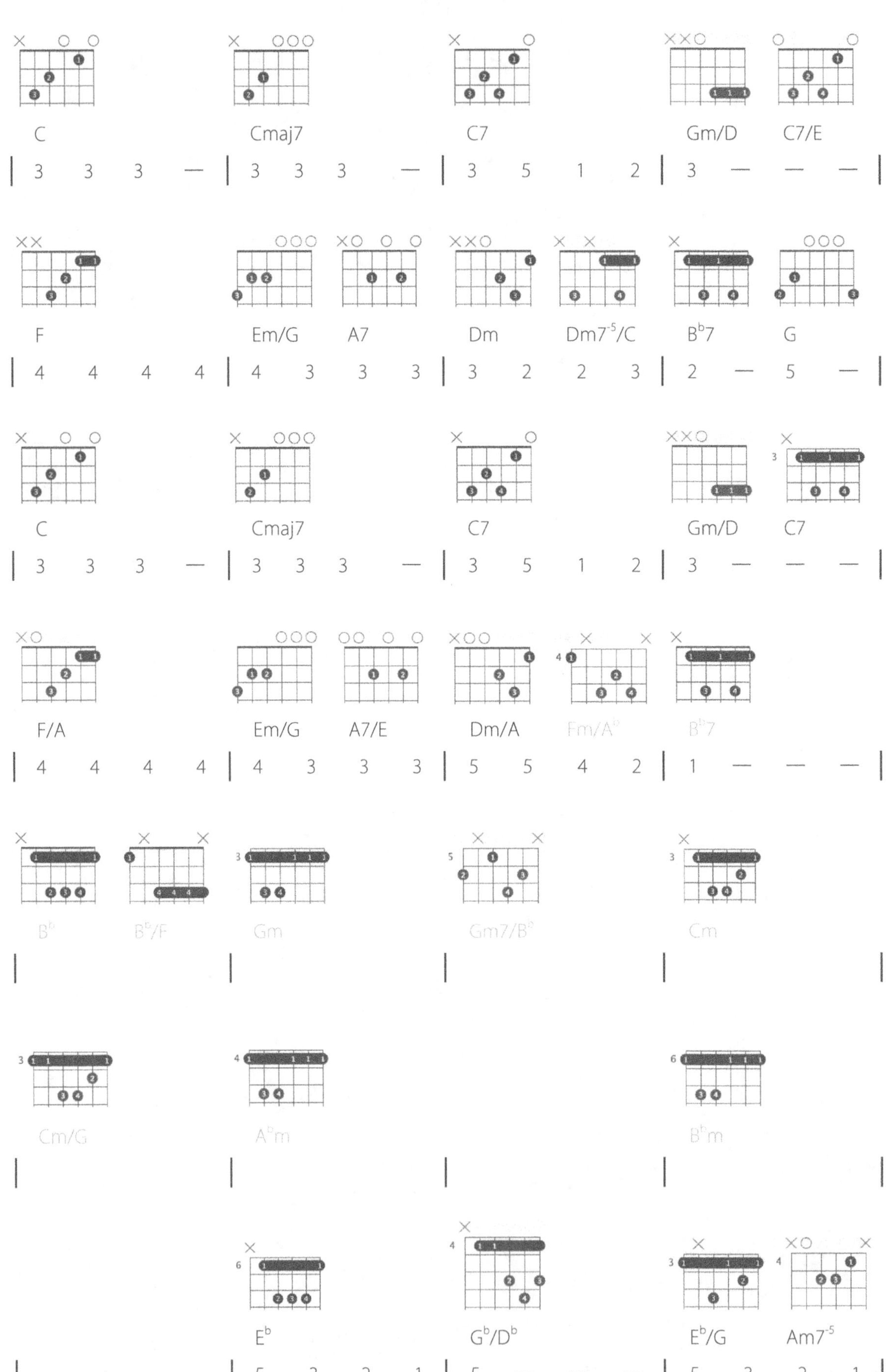
C Cmaj7 C7 Gm/D C7/E
| 3 3 3 — | 3 3 3 — | 3 5 1 2 | 3 — — — |
F Em/G A7 Dm Dm7-5/C Bb7 G
| 4 4 4 4 | 4 3 3 3 | 3 2 2 3 | 2 — 5 — |
C Cmaj7 C7 Gm/D C7
| 3 3 3 — | 3 3 3 — | 3 5 1 2 | 3 — — — |
F/A Em/G A7/E Dm/A Fm/Ab Bb7
| 4 4 4 4 | 4 3 3 3 | 5 5 4 2 | 1 — — — |
Bb Bb/F Gm Gm7/Bb Cm
Cm/G Abm Bbm
Eb Gb/Db Eb/G Am7-5
| 5 3 2 1 | 5 — — — | 5 3 2 1 |

果然將和絃轉位調整後聽起來順暢了許多，可見轉位是多重要的東西呀！接下來我們調整一下某些和絃的組成音，讓它們跟旋律契合一點吧。

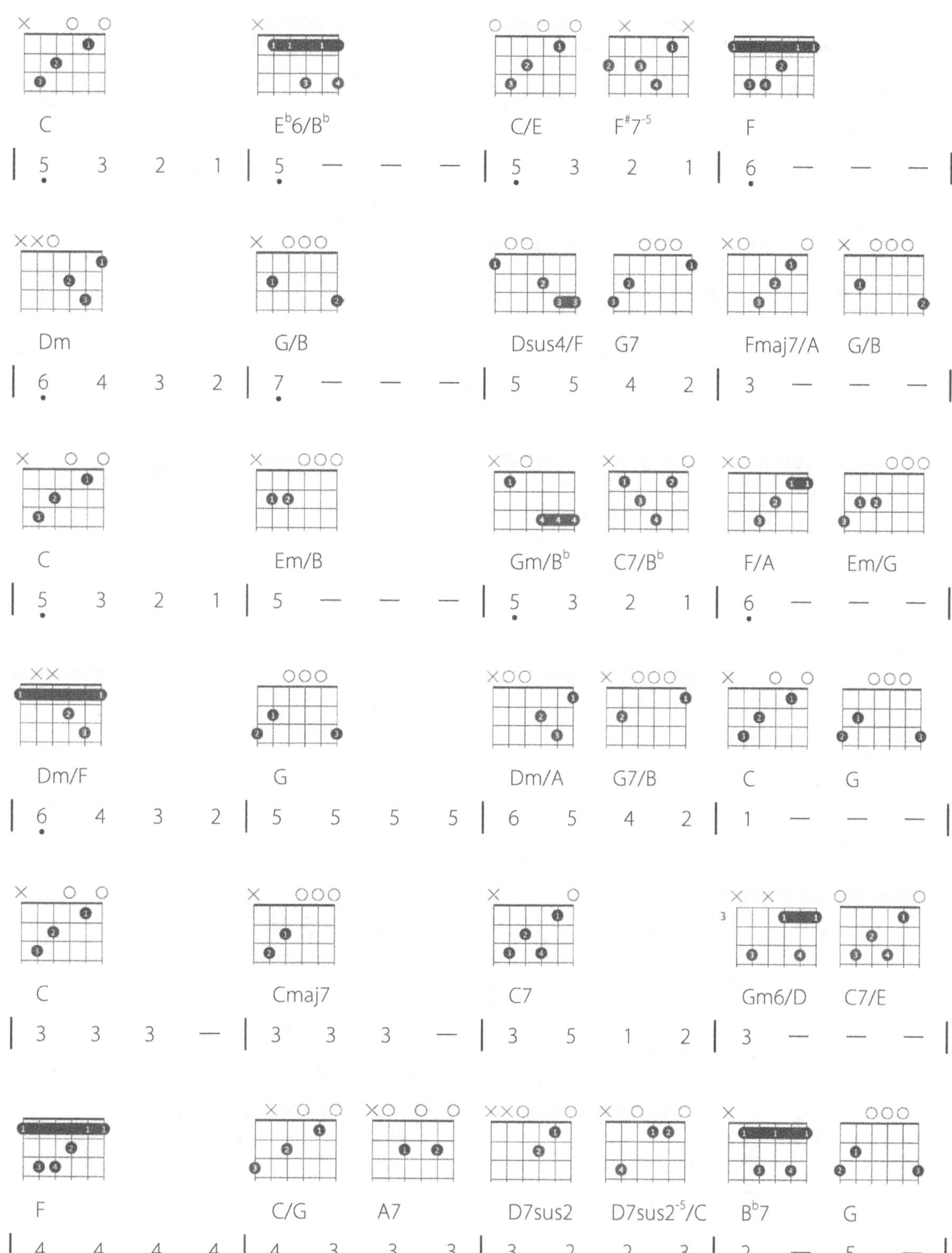

應用操作篇

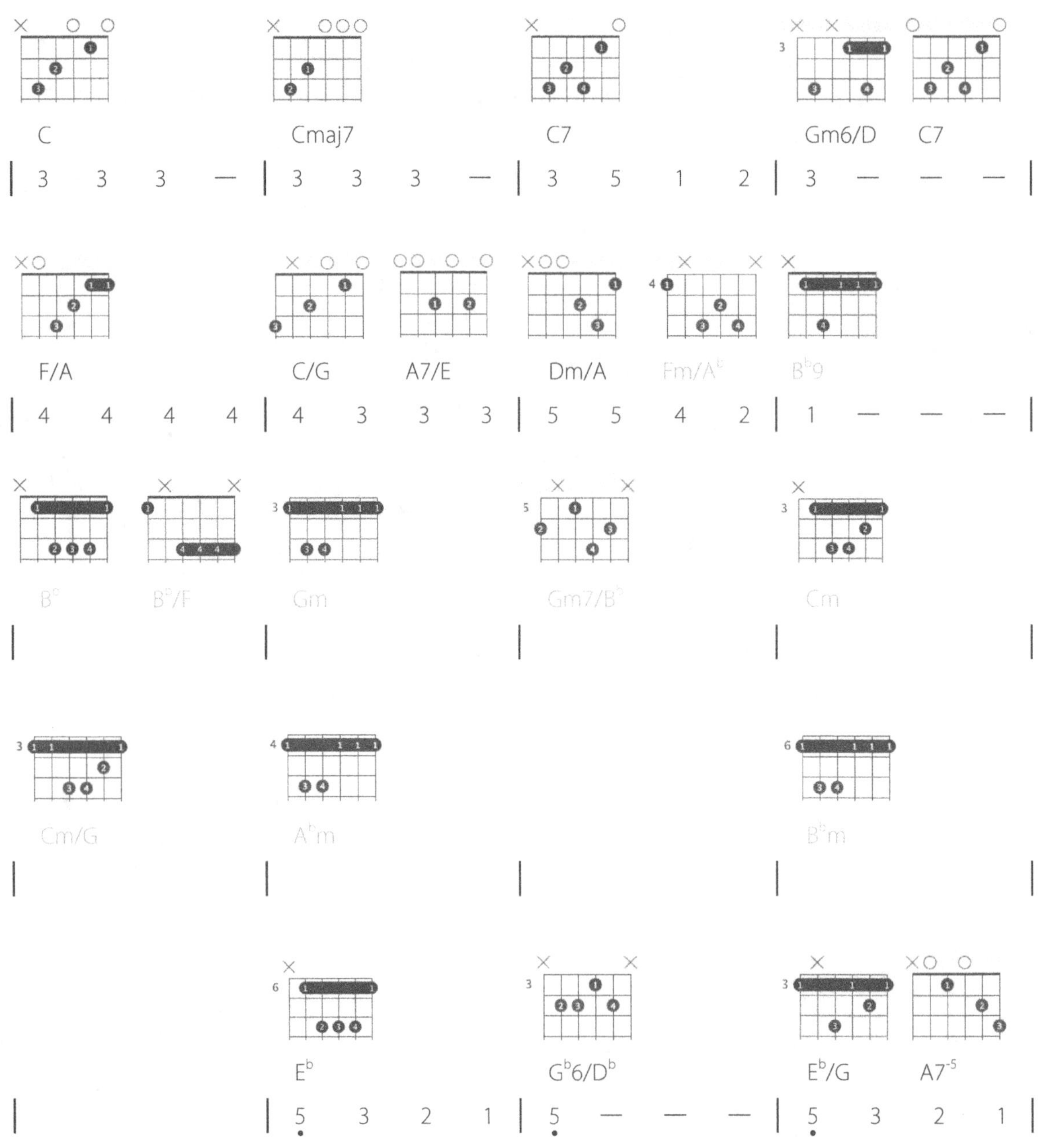

筆者根據旋律的音高來調整和絃組成音，這樣聽起來整個音樂就更順了。

由於位於高音部的旋律通常距離根音十分遙遠，因此當高音不是原本組成音當中的音時，它也就成為一種和聲外音，對於底下的和絃來說，如果將和聲外音視為和絃中的一份子時，和絃就會變成是一種延伸和絃或變化和絃，也可能會是掛留和絃等等。因此按旋律調整後的和聲進行通常會更多樣，也更順暢與契合。

再來我們再修改一下屬和絃成變化或延伸試試：

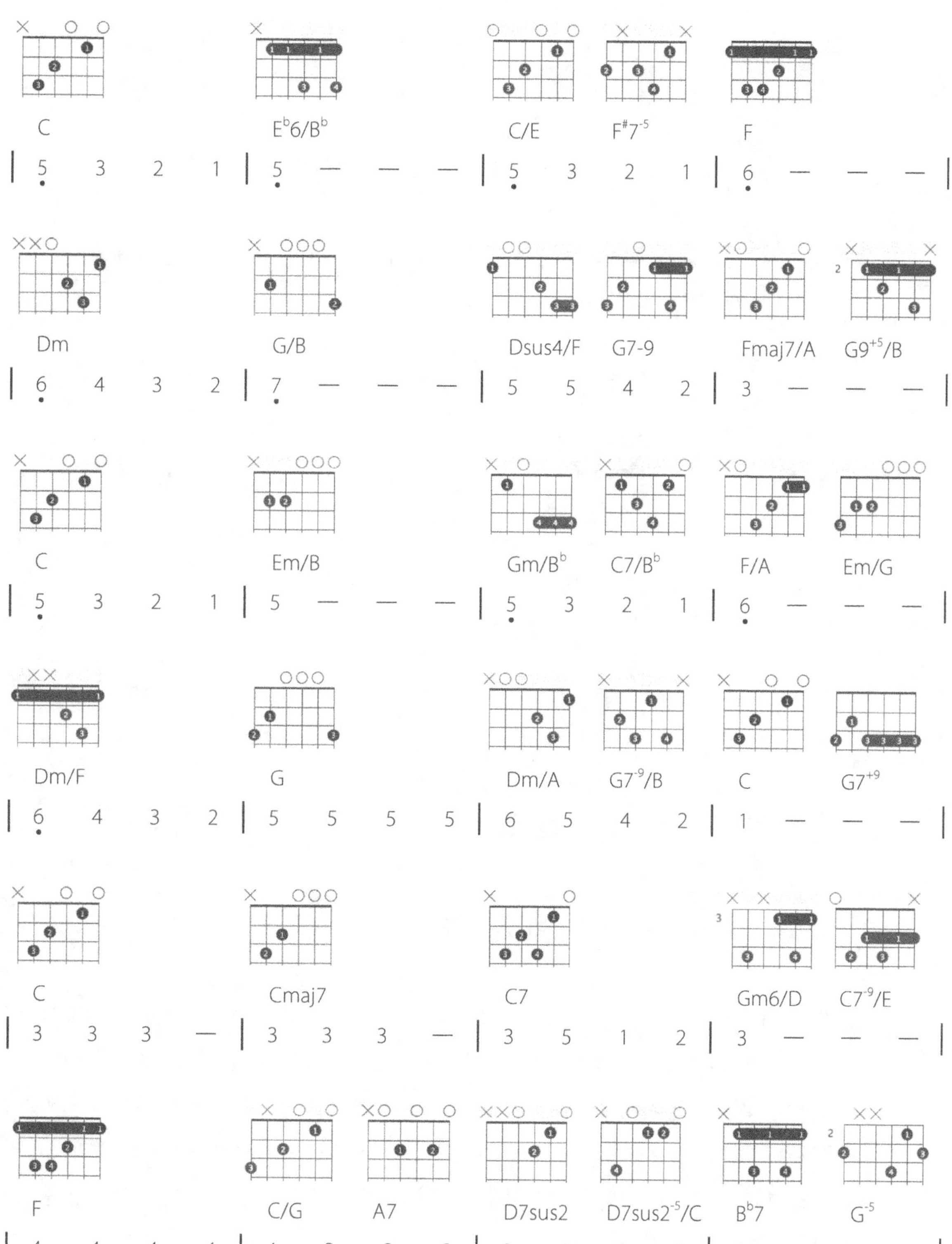

應用 操作篇

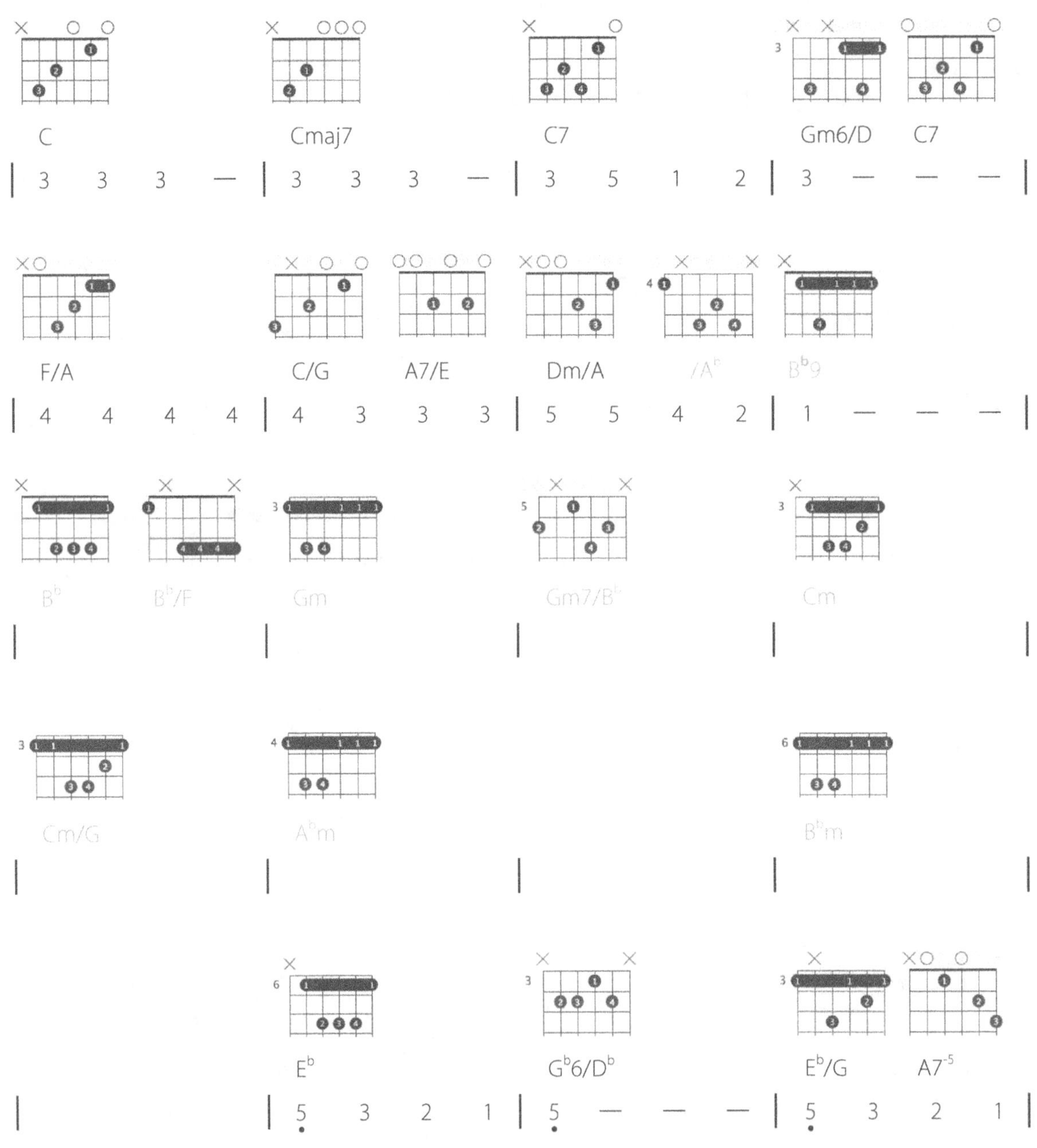

聽起來如何？覺得這樣的味道好聽嗎？

當我們懂得這些和絃的工具如何使用時，就可以創造出屬於自己的特殊風格進行囉！當然知道如何使用這些手法並不是做得出好音樂的保證，同樣的手法可能有人用的聽起來卡卡不順暢，有的人卻可以做得不着痕跡，這就是大家各自要另外花時間實驗與研究的，手法工具沒有絕對的對和錯，多去做一些你喜歡的音樂的分析，就可以知道那些人如何巧妙地使用這些手法，自己再加以實驗，慢慢就可以培養出自己的風格與特殊和絃進行了！

後記 CLOSING

聽到特殊的和聲時，如果可以嘗試著去把它抓出來，分析它，長時間下來對耳界的開闊與反應是十分有幫助的，當我們懂得如何的使用或聽出更多的和絃，不論是編曲或創作上絕對可以更與眾不同。

當然一開始會的和絃，以及能聽寫出的和絃肯定不多，這時只好先透過正確的套譜來練習，發現新的和絃時，請多加反覆彈奏它，感受它，然後找出它在其他把位上的不同按法，整段甚至整首歌做移調的和絃練習。長期下來，透過不同歌曲的累積，你會感受到時間的力量；抓歌時聽到較複雜的和絃時，你也會發現自己一下子就可以分辨出和絃的種類與按法。慢慢的，編曲創作時這樣的靈感與想法也會越自然的出現在你的腦海中。

本書的範例曲不多，但是每首特色不同，要練習到移調後也可以相當熟練卻需要花費相當的時間，請保持對不熟悉的事物好奇與熱情的心，有耐心地彈完它們噢！

不拘時

國家圖書館出版品預行編目 (CIP) 資料

流行音樂的特殊和絃進行訓練筆記 / 不拘時編著 .
-- 初版 . -- 新北市 : 時空膠囊音樂社 , 2015.07
面； 公分
ISBN 978-986-89903-4-0(平裝)
1. 和絃 2. 流行音樂

911.4　　104011717

流行音樂的特殊和絃進行訓練筆記

Your Training Notebook on Pop Music Special Chord Progressions

編　　著：不拘時
封面內頁設計：Xinon design

出版日期：2015 年 7 月（初版）
發行 / 出版：時空膠囊音樂社
地　　址：23582 新北市中和區秀朗路三段 128 巷 13-2 號
電　　話：02-29493060
網　　站：http://www.stc-music.com/
E m a i l：web@stc-music.com
定　　價：每本新台幣三百八十元整

www.ingramcontent.com/pod-product-compliance
Lightning Source LLC
Chambersburg PA
CBHW080853120626
46550CB00007B/2625
* 9 7 8 9 8 6 8 9 9 0 3 4 0 *